21世纪
小学教师
教育系列教材

小学现代教育技术应用

●尹 睿 主编

中国人民大学出版社
·北京·

图书在版编目（CIP）数据

小学现代教育技术应用/尹睿主编. --北京：中
国人民大学出版社，2023.7
21 世纪小学教师教育系列教材
ISBN 978-7-300-31942-1

Ⅰ. ①小… Ⅱ. ①尹… Ⅲ. ①教育技术学-小学教师
-师资培养-教材 Ⅳ. ①G40-057

中国国家版本馆 CIP 数据核字（2023）第 129504 号

21 世纪小学教师教育系列教材

小学现代教育技术应用

尹 睿 主编

Xiaoxue Xiandai Jiaoyu Jishu Yingyong

出版发行	中国人民大学出版社			
社　　址	北京中关村大街 31 号	邮政编码	100080	
电　　话	010 - 62511242（总编室）	010 - 62511770（质管部）		
	010 - 82501766（邮购部）	010 - 62514148（门市部）		
	010 - 62515195（发行公司）	010 - 62515275（盗版举报）		
网　　址	http://www.crup.com.cn			
经　　销	新华书店			
印　　刷	北京昌联印刷有限公司			
开　　本	787 mm×1092 mm　1/16	版　次	2023 年 7 月第 1 版	
印　　张	12	印　次	2023 年 7 月第 1 次印刷	
字　　数	264 000	定　价	38.00 元	

　　党的二十大报告开宗明义地指出"坚持教育优先发展、科技自立自强、人才引领驱动,加快建设教育强国、科技强国、人才强国"。建设数字化支撑的高质量教育体系是建设教育强国的必由之路。有高质量的教师,才会有高质量的教育。为了顺应国家"卓越教师教育"的政策导向,党和国家历来高度重视高素质专业化创新型教师队伍建设。其中,信息化教学能力是教师必备的基本能力。自 2004 年教育部发布《中小学教师教育技术能力标准(试行)》,到 2014 年教育部发布《中小学教师信息技术应用能力标准(试行)》,再到后来教育部发布《中小学教师信息化教育教学能力发展框架》,教师信息化教学能力要求从信息技术的"简单应用"提升到"融合应用",再提升到"创新应用"。

　　本书明确教材在"培根铸魂、启智增慧"中的重要作用,坚持落实立德树人的根本任务,发挥教材的育人导向和育人功能,强化党的二十大精神进教材的指导思想,强调课程思政的有机融入,以新时代教育高质量发展为理念,以应用驱动与融合创新为主线,聚焦小学教学真实场景,重新构建内容体系,引导学习者系统掌握小学现代教育技术应用的原理与方法,提高学习者信息化教学能力,帮助学习者塑造现代教育技术应用的正确价值观,涵养卓越小学教师的理想信念和社会责任。本书可作为师范院校小学教育专业本科生、硕士生的教学用书和大量在职小学教师的教学研修用书。

　　本书分为四篇,共十三章。"导论篇"(第一章至第四章)阐述了现代教育技术的概念、小学现代教育技术应用的核心要义、小学现代教育技术应用的原理和信息时代卓越小学教师的教学能力要求,"资源应用篇"(第五章至第八章)剖析了教学课件的应用、微课的应用、虚拟实验的应用与数字教材的应用,"工具应用篇"(第九章至第十一章)探讨了智能学科教学工具的应用、思维工具的应用和教学评价工具的应用,"创新应用篇"(第十二章至第十三章)介绍了智慧课堂教学、人工智能赋能课堂教学。本书力求体现以下五个特点:

　　第一,科学性与思想性统一。本书遵循小学教学规律,结合小学生身心发展和认知特点,既阐述小学现代教育技术应用的原理与方法,又围绕文化认同、家国情怀、文化素养、法治意识、道德修养等精心择用课程思政内容,深度挖掘小学现代教育技术应用所蕴含的思想政治元素,增强内容的学理性与人文性。

　　第二,理论性与实践性结合。本书既着眼于从资源应用、工具应用、创新应用等角度阐发小学现代教育技术应用方法，又基于应用方法分析现代教育技术在小学各科教学中应用的实例，力争详尽解析实例的操作模式和基本步骤，有利于提升学习者的阅读兴趣，帮助学习者理解并转化应用。实例具有真实性、实用性和典型性。

第三，基础性与先进性并重。本书既体现基础性，注重保持教育技术应用的知识结构与内在逻辑，又体现先进性，主动对接数字时代小学教育高质量发展动态，增加了反映教育技术前沿发展、小学教学创新实践、信息化教学发展新需求的知识与案例，如：虚拟实验的应用、数字教材的应用、智能学科教学工具的应用、智慧课堂教学、人工智能赋能课堂教学等，拓展了教材的深度与广度，体现了小学现代教育技术应用的时代特色。

第四，高阶性与挑战性融通。本书以培养数字时代卓越小学教师为导向，通过前沿文献阅读、教学案例观摩、深度思考讨论等学习活动以及情境分析、设计实践等挑战性任务，实现现代教育技术应用的知识传授、能力培养与价值塑造的有机融合，强化学习者解决小学现代教育技术应用问题的综合能力与设计思维。

第五，教学性与学程性兼顾。本书明确确立教师"用教材教"和学生"用教材学"的教材观，既重视内容的体系化陈述，也突出内容呈现形式上的"教学结构"。整本书的内容分"篇""章""节""目"。每一篇的"导读概览"，从时代需求导入，以结构化问题导学，为学习者学习提供先行组织者，以引发学习者明晰的学习意向和内容定向，激发其浓厚的学习兴趣。每一章为一个基本教学单元，包括"学习目标""问题导入""内容阐述""思考·讨论""案例分析""资料链接""阅读导航""思考与作业""学习反思"，帮助教师有效组织教学，引导学生有效参与学习，实现教师与学生、学生与学生、学生与教材、学生与自我的多维互动。大部分章节都融入了立体化、多样化的优质融媒体资源，包括一流线上课程、国家智慧教育公共服务平台等，凸显"互联网＋教育"理念，支持线上线下混合式学习，满足学习者个性化学习需要。在一些章节的挑战性任务中，提供了具有可操作性的设计表格，为学习者搭建任务支架，支持任务高效完成。

本书的框架结构及每章的内容、基本材料由尹睿设计和提供。参与撰写的人员有：尹睿（第一章至第三章，第四章第一节，第五章至第十三章）、深圳市龙华区松和小学李宇韬（第四章第二、三节）。全部书稿由尹睿修改、统稿、定稿。

本书是广东省高等教育教学研究和改革项目"设计思维导向的师范生信息技术应用能力在线开放课程混合式教学改革与实践创新"、华南师范大学质量工程项目"小学教育技术应用方法实验"课程思政示范课程的成果之一。

本书大部分内容与资源来自尹睿主持的广东省一流本科课程"小学现代教育技术应用"，部分资源来自尹睿任教的华南师范大学本科生课程"小学教育技术应用方法实验"和"现代教育技术"中师生协作设计的作品，部分资源来自一线小学教师的教学实践成果。在此，我特别感谢十余年来为小学现代教育技术应用教材建设做出贡献的学生们和小学教师们！

在撰写本书的过程中，我们参考和引用了国内外相关文献，特此向作者致以衷心感谢！中国人民大学出版社王雪颖编辑为本书的撰写付出了大量的精力，特此致以诚挚的谢意！由于现代信息技术日新月异，并且在小学教学中的应用方法日趋灵活多样，小学现代教育技术应用的原理与方法还有待探索与完善，恳请各位专家和广大读者对本书提出宝贵建议。

尹　睿

2023 年 5 月 9 日

目 录

导论篇

导读概览

党的二十大报告强调教育、科技、人才是全面建设社会主义现代化国家的基础性、战略性支撑，必须坚持科技是第一生产力、人才是第一资源、创新是第一动力。信息技术作为当今先进生产力的代表，已成为我国经济发展的重要支柱和网络强国的战略支撑。如何应用信息技术实现教育教学最优化，提高教育教学质量，成为当今教育研究的热点。2010年7月，《国家中长期教育改革和发展规划纲要（2010—2020年）》中首次提出重大命题——信息技术对教育发展具有革命性影响，必须予以高度重视。作为一个学科领域，现代教育技术就是探索如何应用信息技术推动教育变革与创新，促进学生全面发展的理论与实践，它已经成为现代教育不可或缺的重要组成部分。

2022年2月，教育部新闻发布会介绍2022年基础教育重点工作任务，明确"实施基础教育数字化战略行动，大力推进优质教育资源共建共享，强化信息技术与教育教学深度融合应用"。2022年10月，党的二十大报告强调要办好人民满意的教育，全面贯彻党的教育方针，落实立德树人根本任务，培养德智体美劳全面发展的社会主义建设者和接班人，加快建设高质量教育体系，发展素质教育。小学教育是整个教育事业的基础，对培养能堪当民族复兴大任的德智体美劳全面发展的社会主义建设者与接班人起到奠基性作用。贯彻"育人为本、融合创新、促进发展"的理念，推动现代教育技术在小学教育中的应用，是新时代全面落实立德树人根本任务、实现小学教育高质量发展的重要途径。因此，如何准确理解"现代教育技术"的概念及其在小学教育中应用的逻辑？如何全面认识小学现代教育技术应用的核心要义？如何深入把握小学现代教育技术应用的原理？如何深刻领悟卓越小学教师的教育技术能力要求？对这些问题的思考与解答，对创新信息时代小学教育人才培养模式、树立卓越小学教师的理想信念具有重要的价值。

第一章

现代教育技术的概述

学习目标

1. 能准确阐释现代教育技术的概念；

2. 能合理解释现代教育技术在小学教育中应用的逻辑；

3. 能正确且辩证地分析现代教育技术在小学教育发展中的作用，深刻认识学习现代教育技术的意义。

问题导入

从19世纪末的幻灯投影、无声电影到20世纪三四十年代的有声电影、录音，到五六十年代的电视，到七八十年代的录像、卫星广播电视，到90年代的计算机多媒体、互联网，再到21世纪的虚拟现实仿真、大数据、人工智能等，技术的飞速发展正以不可想象的方式与途径改变着人类教育。从丰富教育资源及其呈现方式，到变革教育教学空间，再到创新教学样态，技术的每一次发展都为人类教育创造出前所未有的可能。"现代教育技术"作为技术优化教育发展进程中的新生产物，逐渐走进教育研究者的视野。然而，人们在应用现代教育技术的过程中，往往容易陷入两种认识误区：一是认为"现代教育技术即信息技术"；二是认为"现代教育技术应用就是一种'技术逻辑'"。请您思考：

1. 如何理解现代教育技术？

2. 现代教育技术在小学教育中应用的逻辑是什么？

技术后现象学家唐·伊德（Ihde，D.）在《技术与生活世界——从伊甸园到尘世》一书中说过："从遥远的过去开始，遍及世界文化的各个角落，人类活动总是通过技术加以实现。"① 当今，我们无可回避地处在一个日新月异的信息时代。对小学教育而言，一方面面临着挑战，另一方面又充满着机遇。只有厘清现代教育技术的内涵，明确现代教育技术在小学教育中应用的逻辑，才能为信息时代小学教育提供新观念、新思路与新方法，引领小学教育高质量发展。

第一节　现代教育技术的概念

教育技术作为学科领域，建立在视听教学、程序教学以及教学设计等教学研究和探索基础之上，在 20 世纪 70 年代初作为正式的概念提出②。综观国内外学者和相关机构对"教育技术"所下的定义，尽管由于研究视角差异导致界定纷繁复杂，但是也存在着基本共识。

一、国外教育技术定义

关于教育技术的定义，比较有影响和权威的当数美国教育传播与技术协会（Association for Education Communication and Technology，AECT）在 1994 年和 2005 年提出的定义，一般称为"AECT94 定义"和"AECT05 定义"。

（一）AECT94 定义

1994 年，AECT 出版《教学技术：领域的定义和范畴》，将教育技术定义为对学习过程与学习资源的设计、开发、应用、管理和评价的理论和实践。该定义比较全面、简洁、明了地描述了教育技术研究的基本形态、基本对象与基本领域。

第一，教育技术研究的基本形态包括理论和实践。对教育技术的研究，一方面需要探索和构建教育技术理论体系，包括教学系统设计理论、技术促进学习理论、教育传播理论、多媒体技术理论等；另一方面需要开展媒体的利用、革新技术的推广等实践。

第二，教育技术研究的基本对象是学习过程与学习资源。传统教育强调以教师为中心，注重书本知识的传授；现代教育倡导以学生为中心，关注学生如何学习，以及如何提高学习效率。教育技术主张学生成为学习过程的主体，通过优化学习资源，帮助学生优化学习过程，支持学生完成知识建构。

第三，教育技术研究的基本领域是与学习有关的过程和资源的设计、开发、应用、管理和评价五个领域。"设计"包括教学系统设计和信息设计，同时应着重考虑教学策略和学习者特征；"开发"应根据学习者的需求，对电子出版技术、音像技术、计算机辅助教学技术，以及多种技术综合集成应用于教育教学过程的开发研究；"应用"不仅仅是利用媒体开展学习活动，还包括教育技术的创新成果推广，推行教育技术实施并制定相应的制

---

① 伊德. 技术与生活世界：从伊甸园到尘世［M］. 北京：北京大学出版社，2012：24.
② 王陆，乔爱玲. 现代教育技术应用［M］. 北京：高等教育出版社，2015：14.

度，以国家或地区的政策和规定保障教育技术的施行；"管理"是指对所有学习资源和学习过程进行计划、组织、指挥、协调和控制，包括项目管理、资源管理、教学系统管理、信息管理、教学研究及开发管理，以保证技术在教育中应用的有效性和科学性等；"评价"是指对教育教学过程中存在的问题进行分析，参照规范要求（标准）进行定量测量与比较，在注重对教育教学系统的总结性评价的同时，更注重形成性评价，并以此作为质量监控和不断优化教学系统的主要措施。

AECT94 定义不仅反映了当时美国教育技术学术界对教育技术的看法，而且在很大程度上也反映了国际教育技术学术界对教育技术的基本认识。该定义虽然没有直接描述媒体，但是媒体实际上是学习过程和学习资源的支撑技术。从该定义可以看出，关注教育技术，其实并不仅仅关注媒体层面的"技术"，还需要考虑方法层面的"技术"。

（二）AECT05 定义

进入 21 世纪，教育新理论的不断涌现和信息技术的发展给教育技术的研究带来了严峻的挑战，教育技术急需一个更新的定义以满足日益发展的教学和学习的需要。2005 年，AECT 发布了新的教育技术定义：教育技术是通过创造、应用、管理适当的技术性的过程和资源，以促进学习和提高绩效的研究与符合伦理道德的实践。相比 AECT94 定义，AECT05 定义有了如下新发展：

第一，在学科名称上，使用"教育技术"代替"教学技术"。这是因为"教学"更偏重于实际授课，而"教育"一词在概念上更加宽泛一些。这一个词的改动表明，美国教育技术学术界已经普遍意识到教育技术不仅可用于实际授课教学，还可以用于非正式学习等其他情境，对教育技术的应用范围有了更加宽广的界定。

第二，将"设计""开发""应用""管理""评价"五个教育技术领域合并为"创造""应用""管理"三个领域。它们既可以被看作由不同的人从事的各自独立的活动，也可以被看成教学系统开发过程中的不同阶段，并且每一个阶段都是一个形成性评价加反馈的过程[1]。"创造"包括一系列有目的的活动，用来设计、开发有效学习所必需的材料，扩展资源和支持条件，其结果指向学习环境的创设。"应用"是指基于对材料的评价，将学习者带入真实的学习环境之中，让学习者接触各种合适的材料、资源和条件。"管理"是指通过项目管理、信息管理、知识管理、人事管理等保障技术在教育中的有效性和合理性。

第三，从目的上看，教育技术强调"促进学习"和"提高绩效"。现代学习理论强调，学习已不再仅仅是传统意义上的获得基本知识或技能，而是获得在何种情境下、何种条件下，怎样更有效运用知识或技能的能力。因此，教育技术应关注"什么样的合适技术和资源"对这种新的学习更有促进和支持作用。绩效，即学习绩效，指的是学习者的能力及其在新的学习环境中的迁移能力。可见，"提高绩效"同样是强化了学习的新含义，不仅仅是关注知识的习得，更重要的是关注知识的应用。

---

① 刘志波，李阿琴. AECT2004 定义解读 [J]. 电化教育研究，2004（12）：44-48.

第四，强调符合伦理道德的实践。鉴于社会对媒体使用道德问题的重视和知识产权的尊重，AECT05定义特别强调在教育技术研究中，应加强对道德问题的重视，具体包括：对个体的约束，比如对使用材料权利的保护，以及努力保护专业人士的健康和安全等；对社团的约束，比如就教育事务获公平、平等的实践等事项，向在这个行业里服务的那些机构做出诚实的、公开的声明；对职业的约束，比如提升专业知识和技能，对工作和发表的观点提供准确的评价。

二、我国现代教育技术定义

AECT94定义和AECT05定义对我国学术界界定"教育技术"带来启发。结合我国教学并重的现代教育思想，我国学者指出，现代教育技术是运用现代教育理论和现代信息技术，通过对教与学的过程和资源的设计、开发、运用、管理和评价，以实现教学优化、促进学习者有效学习的理论和实践[①]。从这一定义可以看出：

第一，现代教育技术必须以先进的教育思想为指导，即应用教育技术推进素质教育的教育思想。现代教育技术必须重视运用现代教学理论和学习理论来指导教与学的过程和资源的设计、开发、运用、管理和评价。由此，奠定了现代教育技术的理论性基础。

第二，现代教育技术以现代信息技术为基础。其中，现代信息技术主要指计算机多媒体和网络技术。要开展现代教育技术的实践，必须充分发挥计算机多媒体和网络技术的优势，建立以计算机多媒体和网络技术为基础的信息化教学环境、数字教学资源；重视计算机媒体和网络技术在教育中的应用，发挥其作为教学辅助工具和学习认知工具的作用。为了区别于传统以电声媒体为基础的教育技术，以现代信息技术为基础的教育技术被称为现代教育技术[②]。

第三，现代教育技术以教与学的过程和资源为研究对象，以优化教与学的过程和资源为目标。因此，现代教育技术既要重视优化"教"，更要重视优化"学"；既要重视"资源"的设计与开发，更要重视"过程"的研究与实践。

第四，现代教育技术注重应用系统科学方法对教与学的过程和资源进行设计、开发、运用、管理和评价，以实现教学优化。

思考·讨论

阅读《教育部等六部门关于推进教育新型基础设施建设 构建高质量教育支撑体系的指导意见》，从现代教育技术内涵的角度出发，分析新时代我国教育信息化建设在哪些方面体现了现代教育技术应用？与其他学习伙伴交流你的想法。

---

① 李克东. 新编现代教育技术基础 [M]. 上海：华东师范大学出版社，2002.

② 在本教材中，我们将"教育技术"与"现代教育技术"归为同一概念，不做严格意义上的区分。

第二节　小学现代教育技术应用的逻辑

近年来，在国家战略和社会需求的双重驱动下，信息技术获得前所未有的迅猛发展。作为当今教育发展的新引擎，信息技术不仅扩大了优质教育资源的覆盖面，改变了优质教育服务的供给方式，而且拓展了教育空间，创生了教学新样态。小学教育是学校教育的一种基本形态，应用信息技术改变小学教育成为人们美好的愿望。遗憾的是，人们容易忽视技术介入小学教育的限度与要求，出现技术僭越小学教育变革发展的错误实践。小学教育作为基础教育阶段的基础，具有"优化小学生生命"的价值特性、"奠基小学生发展基础"的功能特性，以及"遵循小学生心理规律"的活动特性。现代教育技术融入小学教育的目的是优化小学教育，促进小学教育更好地发挥育人功能。因此，小学现代教育技术应用必须按照"小学教育的逻辑"去考量"技术"①。

一、按照小学教育的价值特性考量技术应用

"教育具有文化功能"是人们对教育属性的普遍认识。学校教育正是人类历史地凝结成的稳定的特殊生存与发展方式，是人类整体文化的一个重要组成部分。小学教育作为学校教育的有机组成部分，是一种特殊的文化，有着专门的文化方式，采用专门的文化内容，满足着小学生的学习需要。

文化是人类在漫长的历史长河中为了满足自身的多方面需要而创造出来的。正是文化产生与发展的这种"人为"过程，决定了文化具有"为人"的本性，决定了文化的"灵魂"就是"为人"的取向②，即文化的目的在人、价值在人，既着眼和服务于人，也服务和满足人的需要。小学教育作为一种特殊的文化，力求不断促进小学生的生命优化，即引导小学生不断向"文"而"化"，由"自然人"向"文化人"发展，由"现实"的生命存在状态向"理想"的生命存在状态升华。在"优化小学生生命"这一价值诉求下，小学教育有多重选择，主要包括"提供机会""传播知识""发展能力"等。

因此，我们必须重视现代教育技术应用对于"优化小学生生命"的价值，并按照"优化小学生生命"的逻辑和需要不断创新现代教育技术应用。一是要充分利用开放、共享的优质数字教育资源，消除数字鸿沟，为小学生创造更多转变学习的机会，构建起满足个体学习需求的数字教育资源服务供给生态。二是要充分利用各种交互式技术，为小学生提供更多参与的、丰富的学习体验，实现自我探索、自我选择、自我建构、自我创造知识。三是要充分利用互联网、大数据和智能跟踪技术对小学生的学习状况进行动态监控，及时发现问题并迅速干预调整，逐渐建立面向小学生素质发展的数据预测与决策模型，助力教育

① 安富海.教育技术：应该按照"教育的逻辑"考量"技术"[J].电化教育研究，2020（9）：27-33.
② 郭湛.文化：人为的程序和为人的取向[J].中国人民大学学报，2005（4）：24-31.

精准化和科学化。

二、 按照小学教育的功能特性考量技术应用

从广泛的意义上看，小学教育可以发挥多种多样的功能。但是，从根本上说，为小学生奠定发展基础是小学教育的基本功能。这是因为，就人的发展而言，小学阶段是一个人的身心迅速发展的时期，是身体素质、道德品质、智慧品质和人格品质形成的最佳时期。小学教育这一基本功能主要表现在以下四个方面[1]：其一，小学教育是小学生身体发展的基础阶段。其二，小学教育是小学生道德品质发展的基础阶段，树立正确的道德观念、养成良好的道德行为习惯是小学教育的根本任务。其三，小学教育是小学生智慧品质发展的基础阶段。在小学教育阶段，小学生学习各种课目[2]知识，发展基本的读、写、算能力以及思维能力，启迪智慧。其四，小学教育是小学生人格品质发展的基础阶段。进入小学阶段，小学生的个体倾向性会逐渐显露，但是容易受到外界环境的影响，具有不稳定性。培养小学生良好的人格品质是小学教育的一项重要任务。

因此，现代教育技术应用于小学教育一定要关注小学生发展需要的逻辑。第一，发挥技术作为认知工具的特性，普及技术支持的自主学习、合作学习、探究式学习、项目式学习等，转变小学生的学习方式，培养小学生具备成为未来数字公民所必需的数字素养与技能，形成数字学习的意识与习惯。第二，负责任、合乎伦理地使用新技术，尤其是大数据分析技术、沉浸式技术、人工智能技术等，不可替代小学生的思维过程、危害小学生的身心健康，而是要在尊重小学生个性需要的基础上审慎介入，理性处理好新技术创新应用中"人机共教、人机共育"的协同关系，帮助小学生塑造价值、生成智慧、养成情感、锻造意志。

三、 按照小学教育的活动特性考量技术应用

小学生的心理特点是开展小学教育活动的重要依据，这是小学教育的心理规定性。正是小学教育的心理规定性，揭示了小学教育"遵循小学生心理规律"的活动特性。具体说来，可以从三个方面理解：第一，一方面，关注小学生的心理，特别是小学生的认知规律。皮亚杰（Piaget，J.）的认知发展阶段理论指出，7～11岁的儿童处于具体运算阶段。在这一阶段，小学生缺乏抽象逻辑推理能力，他们的思维带有很大的具体形象性，但是他们能凭借感性材料进行逻辑推理。另一方面，关注小学生独特的个性心理品质，包括兴趣、动机、情感、意志等。第二，顺应小学生的心理。教师必须在准确把握小学生心理的基础上，设计适合小学生心理特点的教学内容与活动，以促进小学生有意义地建构新知识的意义。第三，促进小学生的心理发展。小学生的心理发展不只是一个自然发展的过程。

---

① 黄甫全，曾文婕. 小学教育学：第2版［M］. 北京：高等教育出版社，2011.
② 本书中均用"课目"指称教育领域所有独立的学科、科目等。

小学教育活动除了要顺应小学生的心理特点，还应有利于促进小学生的心理发展。实质上，这也是对小学教育"优化小学生生命"这一发展价值的生动诠释。如，在教学过程中，教师根据小学生的认知规律，提供充分的具体形象的材料，创造活泼生动的教学活动，促进小学生形成选择性知觉，进而获得相应理解。除此以外，教师还要注意提供变式材料，引导学生在分析、联系、比较中，促进抽象概括。

因此，我们需要深入研究小学生的心理发展规律，挖掘现代教育技术在小学教育中的深层应用价值。一方面，现代教育技术中的多媒体技术可以以图文声像并茂的直观方式呈现教学内容，虚拟现实技术、增强现实技术等沉浸式技术可以创设虚实融通的学习空间，激活小学生的兴趣，增强小学生的感知，促进小学生的感性认识。另一方面，现代教育技术可以将小学生学习的认知过程可视化，并通过交互技术，为小学生创造多样化的人机交互活动，促使小学生在交互中发展认知。此外，现代教育技术中的自适应学习技术可以持续动态地根据学生的认知水平状况自动推送学习内容、选择学习策略、匹配学习路径，助力小学生个性化学习。

阅读导航

1. 陈斌，尹睿．现代教育技术［M］．北京：北京师范大学出版社，2017.
2. 柯清超，马秀芳．现代教育技术应用：第 2 版［M］．北京：高等教育出版社，2020.
3. 南国农．信息化教育概论：第 2 版［M］．北京：高等教育出版社，2011.
4. 何克抗，李文光．教育技术学［M］．北京：北京师范大学出版社，2009.
5. 黄甫全，曾文婕．小学教育学：第 2 版［M］．北京：高等教育出版社，2011.

思考与作业

1. 如何理解现代教育技术？
2. 有人说"现代教育技术即信息技术"，你如何看待这个观点？
3. 举例说明小学现代教育技术应用的逻辑。
4. 挑战作业：讨论分析题（任选一题）。

（1）以"小学现代教育技术应用的逻辑"为题，思考：除了小学教育的价值特性、功能特性和活动特性外，小学现代教育技术应用还应遵循哪些逻辑？自主查阅资料，梳理要点。与同伴开展深度交流，或向全班同学展示分享。

（2）利用网络查找以下三份国家教育信息化政策文件——《教育部等六部门关于推进教育新型基础设施建设 构建高质量教育支撑体系的指导意见》《教育信息化 2.0 行动计划》《关于大力加强中小学线上教育教学资源建设与应用的意见》，阅读并思考：针对教育信息化的实践领域，小学现代教育技术应用可以体现在哪些方面？预测小学现代教育技术应用的发展趋势是什么？将你的观点进行梳理，与同伴开展深度交流，或向全班同学展示分享。

学习反思

根据本章的学习情况，请您利用 P-M-I-Q 反思框架进行自我反思，并做好记录。

反思框架			
P（plus） 我已经学懂的内容	M（minus） 我尚未学懂的内容	I（interesting） 我感兴趣的内容	Q（question） 我感到疑惑的问题
1. 2. 3.	1. 2. 3.	1. 2. 3.	1. 2. 3.

第二章

小学现代教育技术应用的核心要义

 学习目标

    1. 能准确说出现代信息技术与小学教学融合的内涵；

    2. 能解释现代信息技术与小学教学融合的维度；

    3. 能分析现代信息技术与小学教学融合的方式与层次；

    4. 能树立现代信息技术与小学教学融合的创新意识，增强应用现代信息技术创新小学教学的价值认同感，懂得现代信息技术与小学教学融合在落实立德树人任务中的重要作用。

问题导入

    作者在一次参加信息化教学课例研修活动中，许多老师都不约而同地提出了相同的疑惑："现在提倡的'信息技术与教学融合'与以前所说的'信息技术与教学整合'有什么区别？"其中，三位老师发表观点如下：

    A老师说："信息技术与教学融合"和"信息技术与教学整合"没有本质区别，感觉只是换了一种时髦的说法而已。

    B老师说："信息技术与教学融合"和"信息技术与教学整合"都要以信息技术促进教学为根本出发点，可能是信息技术在教学中发挥的功能不同吧！

    C老师说："信息技术与教学融合"应该是"信息技术与教学整合"的高级阶段。"信息技术与教学融合"不是简单的"1＋1＝2"，而是要发挥"1＋1＞2"的效应。

    针对上述三位教师的观点，请您思考：

    1. 如何理解现代信息技术与小学教学融合？

    2. 现代信息技术与小学教学融合表现在哪些方面？

    3. 现代信息技术如何与小学教学融合？

现代教育技术的价值追求在于应用现代信息技术优化教学，促进学习者有效学习。从这个意义出发，指向"信息技术应如何改善和优化人们的学习"的"信息技术与课程整合"这一理念应运而生。但令人遗憾的是，人们都只是从改变"教与学环境"或改变"教与学方式"的角度，顶多也只是同时从改变"教与学环境"和"教与学方式"的角度去开展信息技术与课程整合的实践，从而未能收到人们所预期的显著性成效①。迈入 21 世纪，党和国家高度重视教育信息化，特别强调现代信息技术与教学融合。充分发挥现代信息技术的赋能作用，推进现代信息技术与小学教学融合，创新小学教育人才培养模式，促进小学生全面发展，是新时代小学教育高质量发展的基本诉求。由此，"现代信息技术与小学教学融合"成为新时代小学现代教育技术应用的核心要义。

第一节　现代信息技术与小学教学融合的内涵

准确理解"现代信息技术与小学教学融合"这一核心术语的内涵是有效推进现代信息技术与小学教学融合的根本前提。为了把握"现代信息技术与小学教学融合"的内涵，我们既要着眼具体探察以探明现代信息技术与小学教学融合的方式，又要强调整体观照以揭示现代信息技术与小学教学融合的实质；既要从静态角度考察现代信息技术与小学教学系统各要素的融合关系，又要从动态角度通观现代信息技术与小学教学融合发展的过程。

一、现代信息技术与小学教学融合的含义

"融合"是指将两种或多种不同的事物合成一体。"现代信息技术与教学融合"是在扬弃传统"现代信息技术与教学整合"基础上的一种新提法。它的提出昭示着人们对现代信息技术在教学中应用的价值诉求不仅仅囿于改进手段、方法这类"渐进式修修补补"，而是想要真正触及教学系统的结构性变革②。

现代信息技术与小学教学融合是现代信息技术与教学融合在小学教育领域中的具体体现。它是指在现代学习理论和教学理论的指导下，遵循小学教育原理与小学生成长规律，将现代信息技术有机融入小学教学系统中，使其与教学内容、学习环境、教学过程、教学评价等实现高度和谐的整合，创生新的教学系统生态结构，促进小学生全面发展。

二、现代信息技术与小学教学融合的特点

现代信息技术与小学教学融合体现出育人性、逻辑性、全面性和渐进性四个特点。

---

①② 何克抗. 如何实现信息技术与学科教学的"深度融合"[J]. 教育研究，2017（10）：88-92.

（一）育人性

就信息技术与教学的深度融合而言，需要抛弃把信息技术作为工具和手段的传统认识，改变技术游离于教育教学过程之外的现状，将信息技术融入人才培养目标和教育教学过程中①。习近平总书记多次指出，要把立德树人的成效作为检验学校一切工作的根本标准。小学教育是个体一生发展的基础阶段，对个体道德品质、智慧品质和人格品质的发展起到奠基作用。因此，在推动现代信息技术与小学教学融合时，要牢记立德树人的根本任务，坚持正确的政治方向。当今，核心素养和 21 世纪技能成为全球基础教育改革与发展的育人目标追求。推动现代信息技术与小学教学融合，应努力运用大数据、人工智能等新兴的信息技术对小学教学内容、学习环境、教学过程和教学评价进行系统性整体变革，创新人才培养模式，发展小学生的核心素养和 21 世纪技能。

（二）逻辑性

开展教学活动，首先需要了解学生的心理，这一点毋庸置疑。杜威曾形象地描述："心理的考虑也许会遭到忽视或推在一边，但它们不能被排除出去。把它们从门里赶出去，它们又从窗子里爬进来。"② 对小学教学活动而言，尤其如此。心理逻辑主导是小学教学的活动特性，这意味着教师开展小学教学活动时，需要以小学生心理逻辑主导为准则③。首先需要有意识地了解小学生的心理特点，进而开发出符合小学生心理特点的，有利于小学生增长知识、提升能力以及升华情感等的教学活动。现代信息技术与小学教学融合只有从关注小学生的心理、顺应小学生的心理出发，才能促进小学生的心理发展，演绎精彩的技术融合的小学教学活动，真正满足小学生的学习需要。

（三）全面性

若从系统论的角度看，现代信息技术与小学教学融合不应只是考虑现代信息技术与单个教学要素的结合，而是追求现代信息技术与小学教学系统各要素（如教学内容、学习环境、教学过程、教学评价等）的全面有机结合，其目的在于通过现代信息技术引发教学系统各要素发生根本改变，进而联动各要素实现结构变革，所谓"牵一发而动全身"。

（四）渐进性

有研究者客观地指出："从生态的视角来看，技术（包括信息技术）其实并非处于学习过程的核心地位，学习者/教师、知识、技术、外部体制机制四者都只是这个生态系统的一个元素而已。技术的选择或施加必须与主体的教学动机、教学风格，知识的内容特点、类型和外部的体制机制实际一同考量。"④ 从这个角度看，现代信息技术与小学教学融合并非一蹴而就的事情，而是一个动态发展、逐步递进的过程。因此，从"融合程度"上讲，有简单结合、中度整合、深度融合之分⑤。尽管当前我们强调深度融合，但不意味

① 何克抗. 信息技术与课程深层次整合的理论与方法 [J]. 电化教育研究，2005（1）：7-15.
② 杜威. 学校与社会·明日之学校 [M]. 北京：人民教育出版社，1994：130-131.
③ 黄甫全，曾文婕. 小学教育学：第 2 版 [M]. 北京：高等教育出版社，2011：43.
④ 任友群，吴旻瑜，刘欢，等. 追寻常态：从生态视角看信息技术与教育教学的融合 [J]. 中国电化教育，2015（1）：97-103.
⑤ 罗祖兵. 信息技术与教学深度融合的限度及其超越 [J]. 课程·教材·教法，2019（1）：60-65.

着完全排斥或者否定简单结合。现代信息技术与小学教学融合需要做到因地制宜、因校制宜。只有这样，才能最大限度发挥现代信息技术在小学教学系统中的赋能优势。

第二节　现代信息技术与小学教学融合的方式

一般来说，现代信息技术与小学教学融合主要有四种方式：作为学习对象、作为辅助工具、作为认知工具、作为学习环境。

一、作为学习对象

把现代信息技术作为学习对象，以传授现代信息技术的基本知识与技能和发展学生的信息素养与能力为根本目的。例如，在小学阶段，学校开设信息技术课程，像学习语文、数学那样以专门课程的方式学习以现代信息技术为主题的内容。

二、作为辅助工具

把现代信息技术作为教师讲解、启发、示范、指导、评价等的辅助工具以优化课堂教学，提高课堂教学效率。例如，小学语文"开国大典"一课，教师通过播放 1949 年 10 月 1 日开国大典的纪录片，向学生再现经典的历史场面，辅助课文讲解，帮助小学生理解课文描写的宏伟场面，体会新中国成立时人们自豪、激动的心情，增强小学生的爱国情怀与文化自信。

三、作为认知工具

把现代信息技术作为学生学习的认知工具以转变学生的学习方式。具体包括：把现代信息技术作为课程学习内容和学习资源的获取工具、作为情境探究和发现学习的工具、作为协商学习和交流讨论的通信工具、作为知识构建和创作实践的策展工具、作为自我评测和学习反馈的评估工具。例如，在小学数学"梯形面积"一课中，学生利用 MP-Lab 数学几何图形探究工具，通过观察、实验、猜想、验证等活动亲历梯形面积推导的过程，养成乐于探索、乐于思考的习惯，发展合情推理的数学思考能力。

四、作为学习环境

将现代信息技术作为教师教学与学生学习赖以存在的基本环境，使教师与学生仿佛置身于一个被现代信息技术包围的信息生态圈中，一切教与学的活动完全沉浸其中，由此建立起新的教学生态结构与秩序。例如，由互联网技术、学习管理系统、信息化教学工具构建的在线学习环境。基于网络的科学探究环境（web-based inquiry science environment, WISE），就是一个支持学生科学探究的在线学习环境。在该学习环境中，教师通过设计系列科学探究实验活动，引领学生在线开展猜想、假设、探究、检验等活动。再如，以物联网、云计算、大数据、移动互联网、沉浸式技术和人工智能等新一代信息技术为基础构建的虚实融合的学习环境，具有网络化、移动化、泛在化、智能化、个性化等优势，可实现对教师教学与学生学习的全过程、全方位支持。比如智慧课堂、全息投影课堂等。

思考·讨论

2022 年 3 月，我国教育部发布《国家中小学智慧教育平台建设与应用方案》，并推出"国家中小学智慧教育平台"，其核心是以互联网平台化思维构建一个全开放的数字资源共建共享生态，为广大参与者提供个性化、高质量的教育增值服务。请打开平台（https：//basic.smartedu.cn/），浏览平台资源，思考该平台对辅助教师教学以及支持学生学习的作用，与其他学习伙伴交流你的想法。

第三节　现代信息技术与小学教学融合的维度

事实上，现代信息技术与小学教学融合是多维度、多层面的，主要体现在教学内容、学习环境、教学过程和教学评价四个方面。

一、现代信息技术与小学教学内容的融合

如前所述，现代信息技术可以作为学习对象，实现与小学教学的融合。其实，这只是现代信息技术与小学教学内容融合的一种形式。除此以外，将现代信息技术作为呈现载体，是实现现代信息技术与小学教学内容融合的最主要形式。在信息时代，教学内容作为师生间的交互中介已由文字的单一表征变成融合文字、图形、图像的可视化表达。可视化，就是利用计算机图形处理、多媒体与虚拟现实等技术，将学习内容与过程转换为图形、图像、动画与声音等媒介构造可交互的学习环境，让学习者通过感知完成知识建构。具体途径有三种：

（一）将抽象的概念变得具体可观察

在小学学科教学中，往往存在一些抽象的概念。仅仅依靠文字描述和讲解，小学生难以理解和掌握这些概念。借助可视化技术，可以帮助小学生快速地建立起对抽象概念的认知，大大提高教学效率。例如，在小学科学教学中，利用逼真的动画形象生动地展示人类从受精卵至胚胎发育的全过程，可以让小学生更好地建构起对"胚胎发育"概念的认识。同样地，通过手绘图形直观地展示自然界中水循环的过程，能加深小学生对自然界中水的三种状态（固态、液态、气态）及其相互转化条件的理解。在小学语文教学中，展示"燕"和

"雁"的实物图片，可以帮助小学生更好地感受这两个意象的不同；展示"雀"和"鹊"的实物差异，可以让小学生明白"门可罗雀""鸠占鹊巢""雀跃""鸦雀无声"等词语用字的特点；展示"垂柳"尤其是初春的"垂柳"，才会让那些在生活中未见过"垂柳"的小学生更好地体会"碧玉妆成一树高，万条垂下绿丝绦。不知细叶谁裁出，二月春风似剪刀"的意境之美①。

（二）将复杂的过程变得清晰可交互

在小学学科教学中，借助可视化技术，可以将真实复杂的实验过程虚拟表征，解决传统教学由于时间和场地的局限，小学生无法充分在课堂上进行实验设计与操作，以至于对实验原理的学习难以深入的问题。例如，在小学科学教学中，借助虚拟实验，帮助小学生通过设置参数、摆放物品等交互操作更好地理解杠杆平衡原理。此外，借助可视化技术，可以将图形的运动和变化过程直观描述，帮助小学生发展空间观念，感受几何直观。例如，在小学数学教学中，利用动画呈现剪切平行四边形并拼接成长方形的过程，引导小学生思考如何运用转化思想，探索由长方形面积推导出平行四边形面积。

（三）将宏观/微观的现象变得直观可感知

在小学学科教学中，宏观/微观世界不可视的性质，往往容易造成小学生的认知困难。借助虚拟现实技术、增强现实技术等可视化技术，可以直观形象地模拟宏观/微观世界，为小学生带来强交互体验、高逼真感知和深度沉浸感，有效地突破小学生的认知障碍。

二、现代信息技术与小学学习环境的融合

学习环境作为教学系统的重要要素之一，其演化发展与现代信息技术的更新迭代有着直接紧密关系。如果按照现代信息技术发展的阶段看，小学学习环境在演化发展进程中与现代信息技术相互融合，形成如下四种类型：

（一）多媒体学习环境

在以幻灯、投影、多媒体为核心的信息技术发展阶段，小学学习环境以多媒体教室为代表。在这种学习环境中，幻灯机、投影机、录像机、多媒体计算机等教学媒体按照媒体特性优化组合，主要充当教师上课的教学工具，起到辅助教学的作用。

（二）网络化学习环境

在以互联网为核心的信息技术发展阶段，小学学习环境从多媒体学习环境走向网络学习环境，以网络教室为代表。它是一个以教师机为服务器、以学生机为终端、以教室局域网为基础而组成的网络化学习环境。在这种学习环境中，教师可以将教师机的多媒体信息传送给学生，进行演示教学；教师和学生可以共同操作同一终端并将操作示范发送给某个学生或是全体学生，实现全动态信息的实时同步发送；学生还可以调用网络服务器的资源或者习题，进行自主学习。

---

① 贾天仓. 信息技术与语文教学深度融合的四个要领 [J]. 中小学数字化教学，2022（2）：33-36.

（三）数字化学习环境

在以虚拟实验技术、增强现实技术、混合现实技术以及先进的数字化设备等为核心的信息技术发展阶段，小学学习环境出现了数字化学习环境，主要有虚拟实验室、创客空间、智能机器人实验室等。在这种学习环境中，学生可以开展探究式、参与式以及发现式学习，增强学习体验。

（四）智慧学习环境

在以物联网、大数据、云计算为核心的信息技术发展阶段，小学学习环境走向智慧学习环境，以智慧教室为代表。它是一种能感知学习情景、识别学习者特征、提供合适的学习资源与便利的互动工具、自动记录学习过程和评测学习成果，以促进学生有效学习的学习场所或活动空间[①]。通常，智慧教室融合了多种现代信息技术手段，如智慧墙、互动桌、交互式电子白板、移动终端、电子书包、云资源服务中心等，支持师生开展各种网络化、个性化、交互性的学习活动。

> **思考·讨论**
>
> 从小学学习环境类型出发，谈一谈现代信息技术与小学学习环境融合呈现出哪些趋势？与其他学习伙伴交流你的观点。

三、现代信息技术与小学教学过程的融合

教学过程实质上是教师引导学生学习与探究教育内容的教与学相统一活动的时间进程[②]。设计和组织好教学过程，是促进有效教学和提升学习质量的保证。其中，教学过程结构是核心组成部分。教学过程结构是指教学过程内部各个组成环节及其在时间上的有机联系或相互作用的方式或顺序。现代信息技术与小学教学过程融合，其实质就是与小学教学过程结构融合。由于融合的程度不同，呈现出从优化局部环节到再造教学流程的发展趋势。

（一）优化局部环节

现代信息技术与小学教学过程融合最初是从优化局部环节开始的。现代信息技术仅仅作为一种辅助工具融入课堂教学过程的某一个环节，从而达到辅助教师开展课堂教学的目的。例如，将现代信息技术作为情境创设工具，支持知识导入的教学环节；将现代信息技术作为知识展示工具，支持知识讲解或汇报演示的教学环节；将现代信息技术作为交流通信工具，支持协商讨论的教学环节；将现代信息技术作为检测评价工具，支持在线测试的教学环节。可见，现代信息技术与小学教学过程的局部优化，其出发点还是在于"以教为中心"。现代信息技术的介入并未使教学过程结构发生根本性改变。

---

① 黄荣怀，杨俊锋，胡永斌. 从数字学习环境到智慧学习环境：学习环境的变革与趋势 [J]. 开放教育研究，2012（1）：75-84.

② 黄甫全. 现代课程与教学论：第3版 [M]. 北京：高等教育出版社，2014：310.

（二）再造教学流程

学生是拥有学习权利的完整个体，其学习过程是贯穿课堂内外的。从这个意义上来说，现代信息技术与小学教学过程融合应打破课堂场域的有限性，连通课内与课外，重构一个跨越课堂时空、联动课堂内外的全新教学过程。例如，智慧课堂教学正是基于教育云平台、大数据、移动互联网、智能终端等现代信息技术，融通课前、课中和课后三大环节，实现教学流程再造的一种新的课堂教学样态。

1. 课前：以学定教

课前，教师在智慧教育云平台的教师空间发布预习资料（如微课、导学案等），学生通过智能学习终端在学生空间完成预习作业。教师通过预习数据精准诊断班级整体学情和学生个体学情，并在此基础上进行教学设计，真正实现"以学定教"。

2. 课中：因材施教

课中，教师进行情境创设、任务导入、即时评价，学生进行任务探究、问题研讨、实时检测，教师随时通过智能教学终端查看班级和每个学生在该课程的答题数量、正确率等反馈数据，把握学生的学情，对教学做出针对性调整，真正实现"因材施教"。

3. 课后：个性化学习

课后，结合每个学生的知识薄弱点和学习困惑点，教师在智慧教育云平台为每个学生推送个性化的作业和辅导资料，学生利用智能学习终端进行自主训练、自我提高，真正实现"个性化学习"。

四、现代信息技术与小学教学评价的融合

教学评价是以教学目标为依据，运用可操作的科学手段，系统收集有关教学的信息资料，并通过量化对教学的过程和结果做出价值性判断，以促进学生的自我发展和教学的完善。按照实施时间和功能的不同，教学评价可以分为诊断性评价、形成性评价和总结性评价。在小学教学中，现代信息技术与教学评价的融合，正是现代信息技术与诊断性评价、形成性评价和总结性评价的充分融合。

（一）与诊断性评价融合

诊断性评价是在学期、课程或一个单元教学开始时，为了了解小学生的学习准备状况而进行的评价。在教学开始之前，教师可以借助教育云平台海量的测试题库生成课前诊断测试题，让小学生自主完成在线测试，并利用各种统计分析软件生成直观化的统计图表，呈现小学生的测试结果，了解小学生已有的知识基础和认知能力；教师也可以基于学习分析技术对小学生课前在移动终端的各种学习数据进行深度挖掘和综合分析，判断小学生的学习偏好、学习风格、学习习惯等，以便根据小学生的学习特征给予个性化的学习支持。

（二）与形成性评价融合

形成性评价是在教学过程中为改进和完善教学而对小学生学习过程进行的评价。在教学过程中，教师可以利用情境感知技术对小学生各种学习活动进行全面追踪，利用学习分

析技术对各种活动数据进行可视化模型构建，以便了解小学生的投入度和积极性，预测学生的未来表现和可能存在的潜在问题，分析小学生个性化学习路径并从中探索隐性的学习规律，为小学生推送个性化内容与资源、有针对性地改进和优化自己的教学决策提供科学客观的依据。在此过程中，小学生也可以利用学习分析技术获取个人学习情况报告，分析自己的学习过程数据，了解自己的优势与不足，进而提升自我管理、自我反思和自我规划的能力。

（三）与总结性评价融合

总结性评价是在一个学习阶段、一个学期或一门课程结束时对小学生学习结果进行的评价，目的在于评定小学生的学习成绩，检验教学目标的达成度。过去，我们基本上以考试这一单一维度来衡量小学生的学习成绩。在信息时代，现代信息技术可实现对小学生学习过程的全方位支持，因此，在教学结束后，教师不再仅仅对学生的学习成绩实施评价，而是将反映小学生在教学过程中的知识习得、技能增长、情感变化、素养发展等各方面的数据（包括结构化数据和非结构化数据）进行综合分析，以便对小学生的学习做出全面评价，更好地促进小学生的发展。

> **思考·讨论**
>
> 2020 年 10 月，中共中央、国务院印发《深化新时代教育评价改革总体方案》，指出坚持科学有效，改进结果评价，强化过程评价，探索增值评价，健全综合评价，充分利用信息技术，提高教育评价的科学性、专业性、客观性。阅读该方案（http://www.gov.cn/zhengce/2020-10/13/content_5551032.htm），思考现代信息技术与小学教学评价融合的价值，与其他学习伙伴交流你的想法。

第四节　现代信息技术与小学教学融合的层次

2010 年，普特杜拉（Puentedura, R. R.）依据现代信息技术在教育教学领域中渗透的深浅程度，提出了 SAMR（substitute, augmentation, modification, redefinition）模型[1]，该模型为现代信息技术与小学教学融合的层次分析提供了新的思路。依据该模型，现代信息技术与小学教学融合大体可以分为两大层面、四个层次。两大层面分别是改善层面和变革层面。其中，改善层面包含替代（substitute）和增强（augmentation）两个层次，变革层面包括修改（modification）和重塑（redefinition）两个层次。若将现代信息技术与小学教学融合看成是一个信息技术教学应用的连续统，那么，替代层次是最低程度的，重塑层次则是最高程度的。

---

① PUENTEDURA R R. A brief introduction to TPCK and SAMR [EB/OL]. [2020-09-12]. http://www.hippasus.com/rrpweblog/archives/2011/12/08/BriefIntroTPCKSAMR.pdf.

一、替代层次

替代层次表示现代信息技术只是作为一种工具替换了原先传统课堂教学中的某种做法，但课堂教学结构没有发生任何改变，只是在技术对内容实现的方式上不同而已。例如，过去我们用黑板板书，现在用白板代替黑板进行板书，其实无实质区别。严格意义上说，替代层次还不能算是真正意义上的融合。

二、增强层次

增强层次是指现代信息技术的应用会对原先的教学带来某些增强性的功能，对课堂教学结构会产生一些影响。以做笔记为例，如果我们通过平板电脑完成笔记后保存到云端，这样便可以随时随地地通过不同的移动终端进行访问，这是传统方式所无法实现的。再如，使用交互式电子白板可以改变传统白板只能静态呈现内容的不足，支持学习者借助手势触摸与内容发生互动，更好地帮助学习者建立起知识链接。正是因为这些现代信息技术对原先的教学带来某些增强性的功能，课堂教学结构从"教师→媒介→学生"的单向式传递转向"教师↔媒介↔学生"的双向式交互。

三、修改层次

修改层次允许现代信息技术对内容和任务本身进行重新定义。例如，将增强现实技术融入电子课本中，使得课本内容兼具图文声像并茂的立体感，且允许学生与之发生交互，使学生置身于一个连接了现实环境与虚拟环境的更为开放的全息环境之中，获得超强的身临其境的知觉体验。又如，学生以视频或是结构图的方式呈现学习任务，便于分享交流。在小学语文《那一定会很好》一课中，教师布置自主阅读任务：用流程图描述从种子到木地板的过程，引导学生将课文描写的种子成长经历的故事线索以图示的方式表达出来，并用平板电脑拍照，即时上传至云平台，便于教师进行点评指导。

四、重塑层次

在重塑层次，现代信息技术能让我们真正重新定义任务本身或创造出过去根本想象不到的学习任务，该层次的技术应用会使课堂教学结构发生根本性变革。一方面，我们可以对原先线性呈现的内容通过以知识点为单位的微视频加以组织重构，并在课前将其发布在网上或者推送到移动设备上让学生自行观看，课中则通过智慧教学系统反馈学生课前的学习情况，然后有针对性地开展知识讲解和问题讨论活动。另一方面，我们可以利用知识可视化工具、3D打印设备、移动设备等开展概念建模学习、项目学习、远程实践共同体学习。再者，我们可以利用现代信息技术创设跨越时空的模拟场景，组织重构内容，创新课堂教学结构。例如，针对小学道德与法治课程中"法治"内容的学习，教师可充分利用现代信息技术，为学生拓展学习时空，提供真实教学情境，进行模拟演示。课前，教师可联系当地的法庭人员，为学生在线上设立一个"模拟法庭"，向学生普及法律知识。课中，通过线上会议的方式，教师可连线法庭现场，让工作人员介绍法律常识；还可设计有两方对峙的答辩和律师辩论活动，由屏幕另一侧的法官现场裁判。这种穿越时空的体验经历，会让小学生对法庭、法官、法律、法规产生更加立体的认知，激发小学生对法律知识的学习兴趣①。

▍资料链接

信息技术与教学融合的层次

信息技术与教学的融合有着不同的层次，不同研究者有着不同认识。罗祖兵将信息技术与教学的融合分为三个层次：简单结合、中度整合、深度融合。简单结合是将信息技术简单地植入教学中，比如教师在备课时利用信息技术查找相关资料，在上课时使用多媒体播放课件，在教学评价中用电脑打印学生成绩等。中度整合是指利用信息技术进行教学活动，比如根据需要制作课件以及其他教学资源等，利用信息技术来备课、上课、答疑和辅导，利用统计软件进行成绩管理与分析等。深度融合是指将信息技术与教学的各个要素、各个环节有机结合起来，实现教学方式、教学组织形式、评价方式等方面的全面变革，甚至将信息技术的思想、思维方式融入教学。

资料来源：罗祖兵．信息技术与教学深度融合的限度及其超越［J］. 课程·教材·教法，2019（1）：60－65.

阅读导航

1. 广东省一流本科课程"小学现代教育技术应用"（中国大学 MOOC 平台）第 1 讲"现代信息技术与小学教学融合"。

2. 陈斌，尹睿．现代教育技术［M］．北京：北京师范大学出版社，2017.

3. 柯清超，马秀芳．现代教育技术应用：第 2 版［M］．北京：高等教育出版社，2020.

4. 何克抗．信息技术与课程深层次整合理论：有效实现信息技术与学科教学深度融合：第 2 版［M］．北京：北京师范大学出版社，2019.

5. 蔡旻君，芦萍萍，黄慧娟．信息技术与教学缘何难以深度融合：兼论信息技术应用于课堂教学时需正确处理的几组重要关系［J］．电化教育研究，2014（10）.

---

① 王迪，张馨尹．信息技术在小学道德与法治课育人情境创设中的应用［J］．中小学数字化教学，2021（12）.

思考与作业

1. 如何理解现代信息技术与小学教学融合的四重要义？请举例说明。

2. 有人说"现代信息技术与小学教学过程融合的最终目的是引发教学过程结构的变革"，你如何看待这个观点？

3. 阐述现代信息技术与小学教学内容、学习环境、教学过程与教学评价如何实现融合？

4. 挑战性作业：情境分析题（任选一题）。

情境1：2020年3月，教育部发布《关于加强"三个课堂"应用的指导意见》，指出"专递课堂"主要针对农村薄弱学校和教学点缺少师资、开不出开不足开不好国家规定课程的问题，采用网上专门开课或同步上课、利用互联网按照教学进度推送适切的优质教育资源等形式，帮助其开齐开足开好国家规定课程，促进教育公平和均衡发展。

请登录"希沃萤火公益专递课堂"（https：//yhgy. ke. seewo. com/courselive/model），任意选择并观摩一节"专递课堂"课例，运用SAMR模型分析这节课例属于现代信息技术与小学教学融合的哪些层次？在对应的层次上，教师应用了哪些现代信息技术以及是如何应用的？请将您的观点记录在下方表格中。

	使用的现代信息技术	现代信息技术的应用方式
替代层次		
增强层次		
修改层次		
重塑层次		

情境2：2019年3月，广东省教育厅发布《关于印发国家课程数字教材规模化应用全覆盖实施方案的通知》，指出"国家课程数字教材规模化应用全覆盖是推动义务教育阶段各级各类学校教育教学质量提升的一项系统工程"。自此，各级市、县等教育部门开始组织中小学教师开展基于数字教材的教学创新实践探索。

请登录"粤教翔云数字教材应用平台"的"新课堂"模块（https：//www. gdtextbook. com/educationWord/webApp/classroom/index. html），任意选择并观摩一节小学课例，综合运用所学的现代信息技术与小学教学融合的知识，从数字教材使用方式的角度分析这节课例，形成一份评课报告（不少于500字）。

学习反思

根据本章的学习情况，请您利用P-M-I-Q反思框架进行自我反思，并做好记录。

反思框架			
P（plus） 我已经学懂的内容	M（minus） 我尚未学懂的内容	I（interesting） 我感兴趣的内容	Q（question） 我感到疑惑的问题
1. 2. 3.	1. 2. 3.	1. 2. 3.	1. 2. 3.

第三章

小学现代教育技术应用的原理

学习目标

1. 能阐述多媒体学习的认知原理的基本观点；

2. 能阐述技术整合的课目教育学知识原理的基本观点；

3. 能阐述学习空间再设计原理的基本观点；

4. 能综合运用小学现代信息技术应用的原理，分析现代信息技术与小学教学内容、学习环境、教学过程、教学评价融合的问题，树立分析问题的系统思维与辩证思维，形成应用现代信息技术与小学教学融合的科学应用观。

问题导入

联合国教科文组织在其发布的《促进教育与技术整合的教师发展的区域指南》一书中，将教育信息化概括为四个阶段：起步、应用、融合和创新。我国已经完成了"起步"和"应用"，正在迈进"融合"和"创新"的教育信息化2.0时代①。然而，有研究指出"在真实的教学情境中，教师将现代信息技术融入教学过程时往往会'错用'或'误用'"。这一现象与教师的"技术中心"设计立场不无关系。"技术中心"设计是以技术为出发点的设计方法。它关注技术的功能，关注如何将不断涌现的新技术（往往是最前沿的技术）整合到教学中，却很少从教育自身的逻辑和学生发展的逻辑来研究技术的适应性问题②。请您从教学的角度思考：

1. 小学现代教育技术应用应遵循哪些原理？

2. 如何合理做到现代信息技术与小学教学融合？

---

① 杨宗凯，吴砥，郑旭东. 教育信息化2.0：新时代信息技术变革教育的关键历史跃迁 [J]. 教育研究，2018，39（4）.

② 尹睿，蔡佳，戴湘仪. 技术映射：ICT-TPCK的"转化—整合"原理与方法 [J]. 中国电化教育，2013（2）.

小学现代教育技术应用有着小学教育逻辑的规约性，即回归小学教育的本质，深化小学现代教育技术应用。从这个角度看，小学现代教育技术应用应遵循技术支持学习的相关原理，开展学习环境、学习资源、学习方式等创新实践，实现现代信息技术与小学教学深度融合。

第一节　多媒体学习的认知原理

迈耶（Mayer，R. E.）认为，如果多媒体信息的呈现按照学习者的心理工作方式来进行设计，那么，学习者就会更加容易实现有意义的学习①。在此认识的基础上，他提出了多媒体学习的认知理论，包括"三个基本假设"、"五个认知步骤"和"多条设计原则"。

一、三个基本假设

迈耶依据认知心理学关于信息加工通道的研究，提出了多媒体学习的认知理论的第一个基本假设：双通道假设，即学习者对视觉表征和听觉表征的材料拥有单独的信息加工通道②。对于视觉呈现的材料，学习者会通过视觉-图像通道进行信息加工；对于听觉呈现的材料，学习者会在听觉-语词通道进行信息加工。在信息加工的过程中，学习者通过转变信息的表征方式使得信息可以转入另一条通道进行信息加工，从而实现信息的跨通道加工。

迈耶依据认知负荷理论和工作记忆理论，提出了多媒体学习的认知理论的第二个基本假设：容量有限假设，即在每一条通道中，学习者一次可以加工的信息量是有限的③。长期以来，我们在运用信息技术可视化小学教学内容时，无意识形成的一个观点是"只要在屏幕上增加一些有趣的图像或声音，就能激发小学生的学习兴趣和注意力"。根据迈耶的容量有限假设，如果无关的语词、画面和声音太多，会分散小学生对重要材料的注意力，会干扰小学生对材料的组织加工，误导小学生围绕不恰当的主题来组织材料，增加认知负荷，进而影响学习效率。

迈耶依据建构主义学习理论，主张"学习是学习者主动建构知识意义的过程"，提出了多媒体学习的认知理论的第三个基本假设：主动加工假设，即学习者会主动参与认知加工，将其经验建构成一致的心理表征④。这些认知加工过程包括形成注意、组织新信息以及将新信息与原有知识进行有意义的整合等。

二、五个认知步骤

迈耶认为，为了实现有意义学习，学习者对多媒体的信息加工是一个"选择-组织-整

---

①②③④　迈耶. 多媒体学习［M］. 北京：商务印书馆，2006.

合"的过程。基于此，他提出了多媒体学习的认知模型（见图 3-1），具体包括五个步骤①：（1）选择相关语词，在言语工作记忆中进行加工；（2）选择相关图像，在视觉工作记忆中进行加工；（3）组织所选择的语词，形成言语心理模型；（4）组织所选择的图像，形成图像心理模型；（5）将两种心理模型和先前的知识在工作记忆中建立联系，进行整合。之所以选择相关语词和图像，是基于容量有限假设。换言之，只有引起学习者注意的语词和图像，才有可能进入工作记忆中被加工。

在多媒体学习的认知模型中，最关键的一个步骤就是在基于语词表征形成的言语心理模型与基于图像表征形成的图像心理模型之间建立联系。只有建立起合理的联系，才能与学习者已有的知识加以整合，发生有意义的学习。这意味着，只有采用恰当的方式表征听觉和视觉的材料，才能有效地帮助学习者建立起言语心理模型与图像心理模型之间的联系。

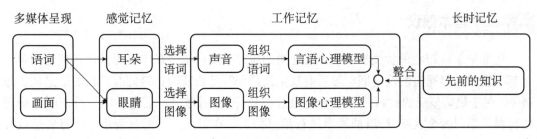

图 3-1　多媒体学习的认知模型

三、多条设计原则

迈耶关于三个基本假设和五个认知步骤的论述，解释了学习者如何对多媒体信息进行认知加工，从而建构自己的知识的过程。如果按照学习者的认知过程来设计和呈现多媒体信息，将会使有意义的学习更加容易实现。因此，迈耶进一步提出了多条多媒体信息的设计原则（见表 3-1）。

表 3-1　多媒体信息的设计原则

原则	描述
1. 一致性原则	当减少或排除无关的语词、画面等材料时，更能促进学习者学习
2. 多媒体原则	学习者学习由"图像＋语词"组合呈现的材料比学习只有语词呈现的材料，学习效果要好
3. 形式原则	学习者学习由"图像＋语音"组合呈现的材料比学习由"图像＋文本"组合呈现的材料，学习效果要好

① 迈耶. 多媒体学习［M］. 北京：商务印书馆，2006.

续表

原则	描述
4. 冗余原则	学习者学习由"图像＋解说"组合呈现的材料比学习由"图像＋解说＋文本"组合呈现的材料，学习效果要好
5. 强调原则	对重要内容给予突出强调，会使学习者的学习效果更好
6. 空间临近原则	图像与对应的语词是邻近呈现而不是隔开呈现，会使学习者的学习效果更好
7. 时间临近原则	图像与对应的语词同时呈现而不是继时呈现，会使学习者的学习效果更好
8. 分割原则	多媒体教学信息按照学习者的认知进度分段呈现比持续完整的呈现，学习效果要好
9. 预训原则	学习者在正式学习之前已经了解和掌握多媒体信息中的一些主要概念的名称、特征等，学习效果会更好
10. 声音原则	多媒体信息中的言语使用标准人声比使用机器进行解说效果更好
11. 形象出镜原则	多媒体呈现信息时，讲解者的形象出现在屏幕上不一定会使学习者学习效果更好
12. 对话原则	用对话的方式呈现语言信息而不是独白的方式呈现，会使学习者的学习效果更好
13. 拟人化原则	屏幕代理呈现人物化的手势、动作、眼神交流和面部表情会使学习者学习效果更好
14. 个性化原则	多媒体信息呈现的设计效果应考虑学习者的个性特征

思考·讨论

观看视频"九九乘法口诀"，运用多媒体学习的认知原理，分析该视频的设计是否合理？对于不合理之处，你有什么改进建议？将你的观点与其他学习伙伴进行交流。

视频链接：https://v.youku.com/v_show/id_XOTA4OTk0MzMy.html.

第二节　技术整合的课目教育学知识原理

对教师而言，信息技术融入课目教学无疑增加了教学知识结构的复杂性，这是一个新的挑战。密舒拉（Mishra，P.）和科勒（Koehler，M. J.）认为，"技术作为一个知识系统，通过它自己的功效使一些技术比其他技术更适合在某些教育情境中使用"[1]。正是看到技术在教学中的作用，他们对舒尔曼（Shulman，L. S.）的课目教育学知识（pedagogical content knowledge，PCK）[2] 进行了发展，富有洞见地提出了"技术整合的课目教育

---

① KOEHLER M J, MISHRA P. What happens when teachers design educational technology? [J]. Journal of educational computing research, 2005 (2).

② 在英美教育领域，"content"除了泛指所有教育内容外，主要指称学校里各门课程的具体内容，即课程细目，简称"课目"，将其译为"学科"，仅凸显了数学、物理、生物等科目，不能包括德育活动、整合课程等非学科或非科目的课程内容。在舒尔曼的著作中，他提到的"content"并不是专指由官方发布的具体的学科内容，而是适用于所有学科的内容。为了尊重舒尔曼关于"pedagogical content knowledge"这一术语的原意，本书将"content"译为"课目"。

学知识"[1] （technological pedagogical content knowledge，TPCK），构建了 TPCK 框架。该框架的意义不仅在于考察教师教学的知识基础，还提供了一个观察信息技术融合教学活动现象的分析框架[2]。

一、技术整合的课目教育学知识框架的结构

TPCK 框架是一个体现课目内容知识（content knowledge）、教育学知识（pedagogical knowledge）和技术学知识（technological knowledge）三者之间动态整合的结构框架（见图 3-2）。

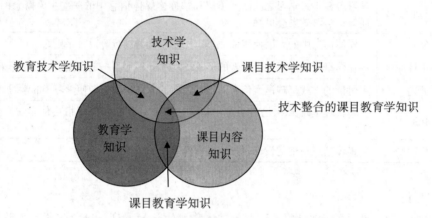

图 3-2 技术整合的课目教育学知识框架的结构图

（一）技术整合的课目教育学知识框架的知识要素

TPCK 框架由三个基本的知识要素组成：（1）课目内容知识，主要包括该课目的相关概念、理论、观念等知识；（2）教育学知识，主要指所有课目所通用的教学过程与方法等知识；（3）技术学知识，指运用于教育教学领域的技术，包括传统技术和现代技术。

在 TPCK 框架中，三个基本的知识要素之间相互作用，形成了四个新的知识要素：（1）教育学知识与课目内容知识交互生成课目教育学知识，这类知识就是舒尔曼当年所揭示和倡导的；（2）技术学知识与课目内容知识交互生成课目技术学知识，这类知识突出课目内容与技术相互关联；（3）技术学知识与教育学知识交互生成教育技术学知识，这类知识强调各种不同技术应用于教与学活动时的表征；（4）课目教育学知识、课目技术学知识与教育技术学知识三者进一步交互整合，生成了技术整合的课目教育学知识。

（二）技术整合的课目教育学知识框架的要素关系

正如密舒拉所说："技术整合的课目教育学知识呈现了一系列教师运用技术进行教学所必须的核心知识。"而且，它将技术学知识置于教师知识基础的首要位置，其基本假设

① MISHRA P，KOLEHLER M J. Technology pedagogical content knowledge：a new framework for teacher knowledge [J]. Teacher college record，2006（6）：1017-1054.

② 周佳伟，王祖浩. 信息技术与学科教学如何深度融合：基于 TPACK 的教学推理 [J]. 电化教育研究，2021（9）：20-27.

为：技术驱动了更多的课目内容决策和教育学决策，教学中纳入一种新技术或新媒体会突然迫使我们面对基本的教育学问题，因为这种新的技术或新媒体会在技术学知识、课目内容知识、教育学知识三要素之间重建动态平衡①。对此，有研究者提出了"技术整合的课目教育学知识网络"②（见图 3-3），以强调课目内容知识、教育学知识和技术学知识之间的双向作用关系，并特别解释了技术学知识与课目内容知识、技术学知识与教育学知识的关系。

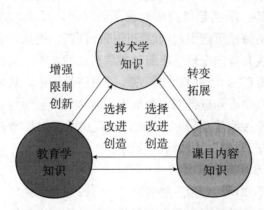

图 3-3 技术整合的课目教育学知识网络关系图

1. 技术学知识对课目内容知识的作用

技术学知识对课目内容知识的作用主要包括转变和拓展。转变是指技术将课目内容以学习者容易接受的方式表征出来。拓展是指通过技术拓展新的课目内容领域供学习者学习。其实，现代信息技术对小学教学内容的可视化表达，体现的就是技术学知识对课目内容知识的作用。例如，在小学《道德与法治》的"生命最宝贵"的内容教学中，课前，教师布置任务，让学生用拍照设备拍摄一些自己认为可以表现"生命"主题的照片并发至班级群，并提前将图片整理成 PPT 作为教学导入材料。在课堂上，教师将母亲怀胎十月以及照料婴儿时的身体变化与辛勤付出的场景做成微视频，通过回顾这些场景，使学生了解生命的来之不易。同时，为了让学生可以体验疾病、自然灾害等特殊生活情境，积累特殊生活情境中包含着的实践智慧，弥补无法通过现实体验获得预备知识和技能的缺失，教师借助自然灾害仿真 App 等虚拟技术拓展学生对内容的理解③。

2. 课目内容知识对技术学知识的作用

课目内容知识对技术学知识的作用主要包括选择、改进和创造。选择就是根据课目内容的性质，选择合适的技术加以表征，以促进学习者的学习。改进就是根据课目内容的需要，对已有的技术进行改进，以促进学习者的学习。创造就是根据课目内容的需要，设计

① MISHRA P，KOLEHLER M J. Technology pedagogical content knowledge：a new framework for teacher knowledge [J]. Teacher college record，2006（6）：1017-1054.

② 闫志明，李美凤. 整合技术的学科教学知识网络：信息时代教师知识新框架 [J]. 中国电化教育，2012（4）：58-63.

③ 曹慧萍. 依托云平台构建小学道德与发展育人课堂 [J]. 中小学数字化教学，2019（4）：21-24.

新技术，以促进学习者的学习。例如，在小学科学关于能量转换的内容教学中，倘若要让学生知道自然界中的能量之间可以实现转换，教师可以通过播放电灯照明、电炉烧水等生活场景的视频来加以解释；倘若要让学生探究能量之间如何实现转换，教师则需要采用虚拟实验，引导学生动手实验、观察实验现象。

3. 技术学知识对教育学知识的作用

技术学知识对教育学知识的作用主要包括增强、限制和创新。增强是指技术通过其本身的特性为教学提供支持。限制是指技术对教学的限制，以及在教学中有可能导致的误用。创新是指技术具有的特性可能引起的教学改进和创新。例如，在交互式电子白板的教学情境中，由于电子白板具有向全班学生展示各种形式的文本，支持实时编辑、标记、注释，以及实现一些基于屏幕的互动的功能，在小学英语教学中，教师可以一边讲解，一边对重点词语、短语和文章中心句进行圈划和批注，向学生演示如何一步一步找到关键信息并解构全文，帮助学生掌握阅读技巧①。在此，交互式电子白板增强了小学英语的阅读教学，并创生出一种高效阅读的互动课堂教学策略。

4. 教育学知识对技术学知识的作用

教育学知识对技术学知识的作用主要包括选择、改进和创造。选择是指根据教学的需要对合适技术的选择。改进就是根据教学的需要对已有的技术进行完善。创造是指根据教学的需要设计新技术。例如，在小学英语情境会话教学中，教师可以选择人机对话的智能教学系统，为学生会话交流创设情境，对学生口语发音做出即时评价反馈。但是，在小学英语作文示范教学中，虽然写作主题情境创设有助于激发学生的兴趣，但更重要的是实现对作文篇章布局、语法运用、词语准确等做出实时判断，便于教师在课堂上进行示范讲解。因此，针对作文教学需要，设计自动批改作文的智能教学系统成为必要。可见，在某种程度上，信息技术的发展离不开教学方法的内在驱动。

由此可见，使用技术对特定课目内容进行有效教学是复杂而多维的，这要求教师至少理解与把握五个方面的内容：（1）应用技术对课目内容进行表征的形式；（2）以建构主义方式运用技术教学课目内容的教育技巧；（3）课目内容学习难易的原因以及运用技术如何帮助学生解决这些问题的知识；（4）学生已有的知识与认知能力；（5）如何运用技术建构已有知识以及发展新认识。

二、技术整合的课目教育学知识框架的"技术映射"原理

安格里（Angeli，C.）和瓦兰奈德（Valanides，N.）从凸显教学情境与技术的关系入手，运用"转化观"和"整合观"的思想，前瞻性地提出了"网络化课目教育学知识"（ICT-TPCK），并将原先 TPCK 中的"技术"领域扩充且聚焦为"信息通信技术"（information and communication technologies，ICT）。ICT-TPCK 不仅包含 TPCK 中原有的三

① 张慧慧，苏畅. 基于交互式电子白板构建互动高效英语课堂教学的策略研究［J］. 中国电化教育，2017（4）：80-84.

个知识要素，即课目内容知识、教育学知识和技术学知识，而且还增加了两个知识要素：学习者知识（knowledge of learners）（包括学生特征以及原有认知水平）和情境知识（knowledge of context）（涵盖了课室情境、教育目标与价值，以及教师关于教与学的认识论信念等）。这五个知识要素之间相互交叉产生作用，形成了一个有机整体（见图3-4），即ICT-TPCK是一个由其他知识基础转化而成的特定或截然不同的知识体。我们不可理所当然地侥幸认为，某一类知识基础（课目内容知识、教育学知识或技术学知识）的增长都会自发引起ICT-TPCK的增长。

安格里和瓦兰奈德强调ICT-TPCK并非一个固定不变的静态知识体，而是一个不断建构并得以生成的动态知识体。图3-4中的中心部分及黑色箭号表示教师ICT-TPCK的发展过程，即教师不断整合课目内容知识、教育学知识、技术学知识、学习者知识、情境知识等五种知识而形成ICT-TPCK的过程。图3-4中心（灰色部分）由内及外的两层虚线椭圆形则表示ICT-TPCK不断由小到大地发展与变化的过程。可见，在ICT-TPCK的获得与发展过程中，它是伴随着五种知识域的变化而变化的。

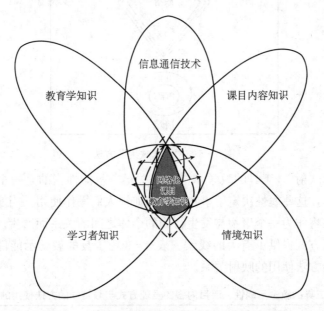

图3-4　网络化课目教育学知识框架的结构图

与TPCK不同的是，ICT-TPCK特别关注学生的经验，即学生对某一课目内容的学习困难或学习误解的知识，并考虑如何运用ICT以学生易于理解的方式加工、转化与表征内容，以加深学生对课目内容知识的理解。因此，ICT-TPCK的实质是一种"转化"的智能，是教师运用ICT将课目内容知识"转化"成学生可以有效获得的一种整合技术的课目教学智能。其中，有关学生对具体课目主题内容的理解和技术的教学表征是把握ICT-TPCK这个概念的两个关键点。这也揭示了技术并不是一种传递信息的简单工具，而是扩大并增强学生学习的认知工具，彰显了技术赋能学习的价值。基于此，安格里和瓦兰奈德提出了"技术映射"（technology mapping，TM）方法，如图3-5所示。所谓"映射"，即结合具体的情境，建立起技术功能与课目内容知识、教育学知识的关联过程。从图中我们可以清晰地看出，课目主题的分析与内容的分解（图3-5中的"主题2→内容2"），经过基于学习者、教育学方法、内容再现以及工具的教学示能性（pedagogical affordances）等具体的情境分析后，将其映射（mapping）到技术的"熔炉"中"炼制"为"经验化内容"（图3-5中双环形部分转化后的"内容2"）。这一"炼制"过程即为"转化"。

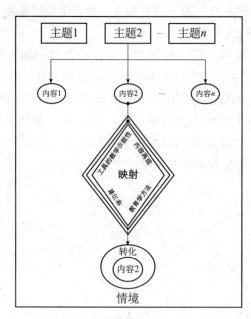

图3-5　"技术映射"方法

为实现"技术映射"，工具的教学示能性是关键。示能性指的是一个事物所具有的感知属性与实际属性，这些属性决定了事物可以如何被人们操作使用。当实际属性与感知属性相结合，示能性将作为一个事物与发生行为的个体之间的关系而产生。所以，示能性为人们与事物的交互方式提供了有力的线索。表3-2为工具的教学示能性、课目内容的呈现方式与教育学的方法使用的映射关系。

表3-2　工具的教学示能性、课目内容的呈现方式与教育学的方法使用的映射关系

工具的教学示能性	课目内容的呈现方式	教育学的方法使用
图片/符号	概念可视化	■学生使用图片和符号去观察、表达、解释，使自身的想法可视化 ■教师使用图片解释内容、展现认知冲突、呈现矛盾的现象，或引发主题讨论
配有文字的图片	文本与图片呈现	■锻炼学生的早期阅读技能，学生可自己"编写"故事
图文的视像关联	图像与文本间转换（图像转换为文本，或文本转换为示图）	■通过图像文本化或文本示图化，帮助学生建立起图像、文本与已有经验的关联

续表

工具的教学示能性	课目内容的呈现方式	教育学的方法使用
可记录与聆听的声音	听觉表征	▪学生和老师可以记录他们的想法 ▪学生可以聆听各种文本朗读，加强对文字的感知与理解
超链接	听觉、文本、视觉、交互等多样式表征	▪学生在"畅游"网络时，阅读、倾听和观察，探索不同的观点，或模拟操作

在此需要进一步澄清的是，工具的教学示能性是一种技术工具与生俱来的教学功能性体现，而非被人为添加的功能性表现。换言之，技术既不是中立的，也不是无偏见的。恰恰相反，具体的技术有着自己的倾向、偏见与内在属性，这使它们在具体的教学任务中比其他技术更加适用。所以，"教师的技术经验有必要针对不同的课目内容领域"[1]，即在具体的教学情境中，教师不仅仅需要掌握他们所教的课目内容及教育学知识，而且还必须深刻理解技术的功能性和局限性，知道对特定的教学内容或任务而言，哪些技术是可用的、适宜的，以及这些内容或任务如何能够以最适合的教学策略或方法被技术加以有效表征、改变与建构，从而充分发挥技术的优势以促进学生的学习与理解。

> **思考·讨论**
>
> 阅读《智慧教育时代教师 G-TPCK 框架研究》，了解智能时代 TPCK 框架的新演化。思考两个问题：
>
> (1) 相较于 TPCK，G-TPCK 有哪些创新？
>
> (2) G-TPCK 对现代信息技术与小学教学融合有什么启示？
>
> 将你的观点记录下来，并与其他学习伙伴进行交流讨论。
>
> 文章链接：https://mp.weixin.qq.com/s/k73zzWiQLtOxS_3HN1NKkQ.

三、技术整合的课目教育学知识框架的新进展

当今，越来越多的学校管理决策者希望创建未来学习空间（future learning space，FLS）来探索未来数字时代的学习新样态，以此引领学校教学创新发展。这是因为学习空间是支持学习发生的重要外部条件，是组织与实施学习活动与行为的基本场所，也是学习者与他人进行交往与表达的实践场[2]。技术的持续革新，以及以物联网与人工智能等为特征的新一代技术的不断发展与突破，使得未来学习空间可以在一定程度上实现物理空间与虚拟空间的无缝对接，学习空间也因技术的不同组合而表现出丰富的特征，实现空间样式

---

① THOMPSON A. Technology pedagogical content knowledge: framing teacher knowledge about technology [J]. Journal of computing in teacher education, 2006 (6): 46 - 48.

② 沈书生. 学习空间：学习发生的中介物 [J]. 电化教育研究，2020 (8)：19 - 25.

的不断重组与变化。学习空间既可以为学习者提供不同学习内容的可视化表征方式，也可以为学习者建立不同学习制品的加工策展方式。学习空间在技术促进学习中发挥着重要作用，凯里（Kali，Y.）等研究者在延伸 TPCK 框架的基础上，增加了"空间"（space）这一要素，提出"技术-教育学-课目内容-空间"框架（TPeCS）①，如图 3-6 所示。该框架主张，教师开展信息化教学，除了要掌握技术与教育学和课目内容的关系外，还要具备适应现有的物理空间、利用可选择性空间或设计创新空间的能力。

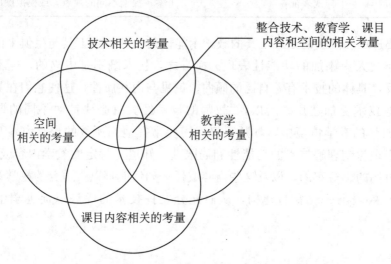

图 3-6　"技术-教育学-课目内容-空间"框架的结构图

可见，TPeCS 不是单纯考量某一种技术与教育学和课目内容的融合，而是从更加广阔的空间维度来考量技术与教育学和课目内容的融合。因为不同的技术功能是相互独立的，技术的不同组合可以创造不同的支持，"富技术"嵌入的学习空间之于学习的支持价值愈发凸显。所以，该框架对指导基于学习空间的教学设计有着重要意义，尤其是在当前小学智慧教室勃兴建设的背景下。例如，在多终端互动型智慧教室与小组研讨型智慧教室中，技术与教育学和课目内容的关系考量是不同的。对于前者，空间布局多为秧田式或灵活组合式，适用于班级授课。所以，教师要重点考虑：技术如何表征课目内容，创设符合认知机制的问题情境；技术如何支持教学过程，组织支持认知生成的学习活动；技术如何根据学习者差异推送不同表征形式的内容和推荐不同过程序列的学习路径，组织个性化学习。至于后者，空间布局主要是 U 型桌式，适用于小组研讨与展示。因此，教师要重点考虑技术如何支持课目内容共享和技术如何支持学习制品共创与生成。

① KALI Y, SAGY O, BENICHOU M, et al. Teaching expertise reconsidered: the technology, pedagogy, content and spaces（TPeCS）knowledge framework [J]. British journal of educational technology, 2019（5）: 2162-2177.

第三节 学习空间再设计原理

支持教与学的信息技术的不断发展，促使学习环境得以持续演化，更凸显出以学习为中心的功能需求。澳大利亚昆士兰大学雷克莱夫（Radcliffe，D.）等学者在"下一代学习空间"（next generation learning space）项目中提出了信息时代学习空间再设计原理，即"教育学-空间-技术"框架（pedagogy-space-technology framework，PST）①。学习空间再设计（redesigning learning space）指的是对学习环境进行重新设计，以适应以学习为中心的教学方式。学习空间再设计遵循以学习为中心的设计原则，力求学习空间能满足学习者灵活、多样、个性的学习需求。

一、"教育学-空间-技术"框架的结构

"教育学-空间-技术"框架包含教育学（pedagogy）②、空间（space）、技术（technology）三个基本要素，它们相互联系、相互影响（见图3-7）。教育学为技术与空间相结合提供了行动指南，空间促进了教育学并使信息技术手段内嵌其中，而信息技术反过来增强了教育学的效果，拓展了空间的范围。

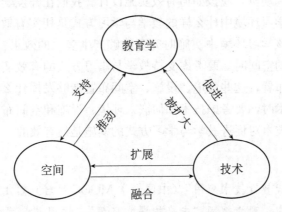

图3-7 "教育学-空间-技术"框架的结构图

"教育学-空间-技术"框架向我们揭示了现代信息技术的发展并不必然引发学习环境的演变，关键在于学习环境被赋予的功能需求。只有从功能需求出发，现代信息技术与小学学习环境融合才不会陷入"唯技术"的误区，而是真正凸显学习环境的应用价值。这正是现代信息技术与小学学习环境融合的真谛。

---

① RADCLIFFE D, WILSON H, POWELL D, et al. Designing next generation places of learning：collaboration at the pedagogy-space-technology nexus [DB/OL]. ［2021-01-02］. https：//www. researchgate. net/publication/237249564 _ Designing _ Next _ Generation _ Places _ of _ Learning _ Collaboration _ at _ the _ Pedagogy-Space-Technology _ Nexus.

② 本书均将"pedagogy"译为"教育学"，指所有课目所共通使用的教学过程与方法。

二、"教育学-空间-技术"框架的运用方法

雷克莱夫指出，在运用"教育学-空间-技术"框架时，可以从总体设计、教育学、空间和技术四个关注点入手，而每个关注点中又包含"概念与设计""应用与实施"两个角度，见表3-3。

表3-3 "教育学-空间-技术"框架的运用方法

关注点	概念与设计	应用与实施
总体设计	设计的目的和动机是什么？	如何有效实施设计？
教育学	我们希望实现哪些类型的教与学方法？为什么？	能实施哪些类型的教与学方法？证据何在？
空间	哪些空间设施和环境布置能支持这些类型的教与学方法？如何支持？	哪些空间设备和环境布置发挥了作用？哪些没能发挥作用？为什么？
技术	技术如何嵌入空间来支持这些类型的教与学方法？	在促进教与学方面，哪些技术是最有效的？为什么？

从表3-3可以看出，在总体设计学习环境时，要思考该环境设计的目的与动机是什么，要达到这种目的和动机，应该如何有效实施设计。我们在开发学习环境所能支持的教学法时，要考虑在该学习环境中什么样的教学与学习方式是切实有效的？为什么？以及这些教学与学习方式在该学习环境中实施时究竟能够产生多大的效果？能否有相关的证据？我们在开发学习环境的空间时，要考虑支持教学与学习方式的有效实施，需要有什么样的环境、设施以及空间布置，这些环境、设施、空间布置能够发挥什么样的作用？我们在开发学习环境所要的技术时，要考虑技术如何嵌入环境、设施和空间布置来支持教学与学习方式，以及什么样的技术对促进教学与学习方式的实施是最有效的。

思考·讨论

请在"小学现代教育技术应用"（中国大学 MOOC 平台）第1讲"现代信息技术与小学教学融合"中，观看视频"未来的课堂环境"，运用"教育学-空间-技术"框架分析两个问题：

（1）视频中展现的课堂环境能支持哪些类型的教与学方法？

（2）要支持这些教与学方法，需要怎样的空间布局和技术支持？

将你的观点记录下来，并与其他学习伙伴进行交流讨论。

视频链接：https://www.icourse163.org/course/scnu-1205984818.

◤ 资料链接

学习空间设计要素的新发展

随着学习理论的发展，学习空间设计要素逐步丰富。以"教育学-空间-技术"框架为

代表的三个要素最为常见，构成了绝大多数学习空间设计框架的基础。空间要素包括物理环境和座位布局，技术要素包括扩设备获取、资源获取和内容呈现等，教育学要素包括人人交互、人机交互、教学活动、学习支持等。除此以外，内容、社会、活动成为三个新增要素。内容要素，即学科内容或主题学习材料，体现学科和主题学习的情境性；社会要素，即社会规则，如参与者分组、角色分工，强调互动参与、交流协作和社区活动；活动要素，即学生心理、身体和情绪的实际经历和体验。

资料来源：仇晓春. 学习空间研究设计述评［J］. 开放教育研究，2022（8）：110-120.

阅读导航

1. 广东省一流本科课程"小学现代教育技术应用"（中国大学 MOOC 平台）第 1 讲"现代信息技术与小学教学融合"。

2. 奈尔，多克托里，埃尔莫尔. 重新设计学习和教学空间［M］. 北京：中国青年出版社，2020.

3. 周佳伟，王祖浩. 信息技术与学科教学如何深度融合：基于 TPACK 的教学推理［J］. 电化教育研究，2021（9）：20-26.

4. 杨鑫，解月光，苟睿，等. 智慧教育时代教师 G-TPCK 框架研究［J］. 现代教育技术，2021（8）：32-41.

5. 尹睿，蔡佳，戴湘仪. 技术映射：ICT-TPCK 的"转化-整合"原理与方法［J］. 中国电化教育，2013（2）：12-16.

6. 华子荀，马子淇，丁延茹. 基于目标导向的"教学法-空间-技术"框架的学习空间再设计及其案例研究［J］. 中国电化教育，2017（2）：76-81.

思考与作业

1. 多媒体学习的认知原理的基本观点是什么？在开展现代信息技术与小学教学融合时，如何运用多媒体学习的认知原理？请举例说明。

2. 技术整合的课目教育学知识原理的基本观点是什么？在开展现代信息技术与小学教学融合时，如何运用技术整合的课目教育学知识原理？请举例说明。

3. 学习空间再设计原理的基本观点是什么？在开展现代信息技术与小学教学融合时，如何运用学习空间再设计原理？请举例说明。

4. 挑战性作业：情境分析题（任选一题）。

情境 1：微课是小学数字教育资源的一种重要类型。许多教师将微课作为支持在线教学的重要资源。由于在线教学中师生时空分离，微课成为传递教学内容的重要手段。因此，微课设计的优劣，在很大程度上决定了在线教学质量的高低。

请登录"中国微课网"（http：//dasai. cnweike. cn/list. html），任意选择一个小学微

课作品，运用多媒体学习的认知原理分析该微课作品，说一说其设计优点与不足。

情境 2：2021 年 8 月，教育部发布《关于开展"基础教育精品课"遴选工作的通知》，指出："开展'基础教育精品课'遴选工作，旨在充分调动广大教师投身课堂教学的积极性、创造性，促进教师深入研究课程教材内容，融合应用现代信息技术，创新教学方式方法，提高课堂教学质量和教育教学能力。"

请登录"基础教育精品课"平台（https：//jpk. eduyun. cn/portal/html/jpk/1. html），在"课程样例"模块中，任意选择并观摩一节小学精品课，运用 TPCK 框架分析这节课例，说一说教师是如何处理课目内容知识、教育学知识、技术学知识三者之间的关系的？这节课例的设计对你有什么启发？

情境 3：2021 年 7 月，教育部等六部门发布《关于推进教育新型基础设施建设 构建高质量教育支撑体系的指导意见》，指出，"智慧校园新型基础设施"是重点建设方向之一。其中，包括完善智慧教学设施，即提升通用教室多媒体教学装备水平，支持互动反馈、高清直播录播等教学方式。部署学科专用教室、教学实验室，依托感知交互、仿真实验等的装备，打造生动直观形象的新课堂。有条件的地方普及符合技术标准和学习需要的个人学习终端，支持网络条件下个性化的教与学。支持建设满足教学和管理需求的视频交互系统，支撑居家学习和家校互动。

请从学习空间再设计原理的角度，以"畅想未来小学课堂学习环境"为题，访谈教育行政部门相关人员、小学校长、小学教师、小学生以及小学教育专业的师生，了解多方群体对未来小学课堂学习环境的观点，并以思维导图整理观点或者以图画创作描绘环境布局。

学习反思

根据本章的学习情况，请您利用 P-M-I-Q 反思框架进行自我反思，并做好记录。

反思框架			
P（plus） 我已经学懂的内容	M（minus） 我尚未学懂的内容	I（interesting） 我感兴趣的内容	Q（question） 我感到疑惑的问题
1. 2. 3.	1. 2. 3.	1. 2. 3.	1. 2. 3.

第四章

信息时代卓越小学教师的教学能力要求

学习目标

1. 能阐述信息时代卓越小学教师的教学能力维度；

2. 能分析信息时代卓越小学教师的教学能力特点；

3. 能在了解教师信息技术应用能力提升的国家行动的基础上，增强对国家加强信息时代教师队伍建设的道路自信；

4. 能感悟卓越小学教师的榜样力量，树立成为信息时代卓越小学教师的理想信念，强化乐意开展现代信息技术与小学教学融合创新的教师情怀，增强自身作为未来小学教师的责任感。

问题导入

教育大计，教师为本。有好的教师，才有好的教育。2021年3月，习近平总书记看望了参加全国政协十三届四次会议的医药卫生界、教育界委员，并参加联组会，听取意见和建议。在会上，习近平总书记明确指出："只有高质量的教师，才有高质量的教育。"在信息时代，教师是否具备娴熟的信息化教学能力、是否具备创新设计思维，在很大程度上决定了信息技术与教学融合质量的高低。2013年，教育部启动实施全国中小学教师信息技术应用能力提升工程，旨在提升教师的信息技术应用能力。2018年，教育部发布《教育信息化2.0行动计划》，要求"教师主动适应信息化、人工智能等新技术变革，积极有效开展教育教学"。2019年，教育部启动全国中小学教师信息技术应用能力提升工程2.0，大力提升教师的信息技术应用能力，回应新时代教师能力发展的新要求。请您从如何在信息时代成为一名卓越小学教师的角度思考：

1. 信息时代卓越小学教师的能力特点是什么？

2. 信息时代卓越小学教师应具备哪些能力？

我国著名教育家陶行知先生曾说过："小学教育是建国之根本"。小学教师肩负着培养德智体美劳全面发展的社会主义建设者和接班人的使命与重任。打造高素质、专业化的教师队伍是《国家中长期教育改革和发展规划纲要（2010—2020年）》提出的重要目标，也是《中共中央国务院关于深化教育教学改革全面提高义务教育质量的意见》中的重要意见。

第一节　教师信息技术应用能力提升的国家行动

教师承担着传播知识、传播思想、传播真理的历史使命，肩负着塑造灵魂、塑造生命、塑造人的时代重任，是教育发展的第一资源，是国家富强、民族振兴、人民幸福的重要基石。教师队伍建设是教育信息化可持续发展的基本保障。党和国家历来高度重视教师队伍建设。2018年，中共中央、国务院发布《关于全面深化新时代教师队伍建设改革的意见》，指出：党的十八大以来，以习近平同志为核心的党中央将教师队伍建设摆在突出位置，作出一系列重大决策部署，旨在全面提高教师质量，造就党和人民满意的高素质专业化创新型教师队伍。其中，信息技术应用能力的提升是信息时代教师质量的重要表现。2004年，教育部发布了我国历史上第一个正式的中小学教师专业能力标准——《中小学教师教育技术能力标准（试行）》，将教育技术能力纳入教师专业发展的内容范畴。此后，随着教育信息化建设走向应用、融合、创新的深化阶段，教师教育技术能力逐渐转向信息技术应用能力，以回应信息技术与教学深度融合的要求。教师信息技术应用能力，指的是教师运用信息技术改进其工作效能、促进学生的学习成效与能力发展，以及支持自身持续发展的专业能力。为促进教师信息技术应用能力提升，国家在标准研制、课堂教学、职前培养三大方面持续开展重大行动。

一　教师信息技术应用能力标准研制

教师信息技术应用能力标准是规范与引领中小学教师在教育教学和专业发展中有效应用信息技术的准则，也是指导全国各地开展信息技术应用能力培训、应用和测评等工作的基本依据。

（一）《中小学教师信息技术应用能力标准（试行）》（2014年）

2013年，教育部启动实施全国中小学教师信息技术应用能力提升工程。2014年，教育部发布《中小学教师信息技术应用能力标准（试行）》（简称《标准》）。《标准》对中小学教师信息技术应用能力提出了"基本要求"和"发展性要求"。根据对我国信息化教学环境的分析，标准研制组将我国的信息化教学环境分为四类，分别是：

（1）简易多媒体教学环境，主要由多媒体计算机、投影机、电视机等构成，以呈现数字教育资源为主；

（2）交互多媒体教学环境，主要由多媒体计算机、交互式电子白板、触控电视等构成，在支持数字教育资源呈现的同时，还能实现人机交互；

（3）网络教学环境，主要由多媒体计算机网络教室、简易或交互多媒体教学环境，以及其他学生终端构成，师生在课堂教学中能够充分利用数字教育资源、学科软件与网络教学平台开展教与学活动；

（4）移动学习环境，主要由平板电脑、笔记本电脑、智能手机等移动学习终端设备构成，能够使师生获得数字教育资源、学科软件与网络教学平台的支持，进行不受时空限制的教与学活动。

在简易多媒体和交互多媒体的教学环境中，由于学生不具备网络环境或相应设备，教师应用信息技术所做的主要工作是优化课堂教学。而在学生具备网络学习环境或相应设备的条件下，学生学习时空维度扩大，个性化体验、合作学习、探究学习等成为可能，教师应用信息技术所做的主要工作则是为学生提供开展自主、合作、探究等学习活动的机会，转变学生的学习方式。因此，在《标准》中，"基本要求"即为应用信息技术优化课堂教学的能力，主要包括教师利用信息技术进行讲解、启发、示范、指导、评价等教学活动应具备的能力；"发展性要求"即为应用信息技术转变学习方式的能力，主要指教师利用信息技术支持学生开展自主、合作、探究等学习活动所应具有的能力（见表 4-1）。

表 4-1 中小学教师信息技术应用能力标准（试行）

维度	应用信息技术优化课堂教学	应用信息技术转变学习方式
技术素养	1. 理解信息技术对改进课堂教学的作用，具有主动运用信息技术优化课堂教学的意识	1. 了解信息时代对人才培养的新要求，具有主动探索和运用信息技术变革学生学习方式的意识
	2. 了解多媒体教学环境的类型与功能，熟练操作常用设备	2. 掌握互联网、移动设备及其他新技术的常用操作，了解其对教育教学的支持作用
	3. 了解与教学相关的通用软件及学科软件的功能及特点，并能熟练应用	3. 探索使用支持学生自主、合作、探究学习的网络教学平台等技术资源
	4. 通过多种途径获取数字教育资源，掌握加工、制作和管理数字教育资源的工具与方法	4. 利用技术手段整合多方资源，实现学校、家庭、社会相连接，拓展学生的学习空间
	5. 具备信息道德与信息安全意识，能够以身示范	5. 帮助学生树立信息道德与信息安全意识，培养学生良好行为习惯
计划与准备	6. 依据课程标准、学习目标、学生特征和技术条件，选择适当的教学方法，找准使用信息技术解决教学问题的契合点	6. 依据课程标准、学习目标、学生特征和技术条件，选择适当的教学方法，确定运用信息技术培养学生综合能力的契合点
	7. 设计有效实现学习目标的信息化教学过程	7. 设计有助于学生实行自主、合作、探究学习的信息化教学过程与学习活动
	8. 根据教学需要，合理选择与使用技术资源	8. 合理选择与使用技术资源，为学生提供丰富的学习机会和个性化的学习体验

续表

维度	应用信息技术优化课堂教学	应用信息技术转变学习方式
计划与准备	9. 加工制作有效支持课堂教学的数字化教育资源	9. 设计学习指导策略与方法，促动学生的合作、交流、探索、反思与创造
	10. 确保相关设备与技术资源在课堂教学环境中正常使用	10. 确保学生便捷、安全地访问网络和利用资源
	11. 预见信息技术应用过程中可能出现的问题，制订应对方案	11. 预见学生在信息化环境中实行自主、合作、探究学习可能遇到的问题，制订应对方案
组织与管理	12. 利用技术支持，改进教学方式，有效实施课堂教学	12. 利用技术支持，转变学习方式，有效展开学生自主、合作、探究学习
	13. 让每个学生平等地接触技术资源，激发学生学习兴趣，保持学生学习注意力	13. 让学生在集体、小组和个别学习中平等获得技术资源和参与学习活动的机会
	14. 在信息化教学过程中，观察和收集学生的课堂反馈，对教学行为实行有效调整	14. 有效使用技术工具收集学生学习反馈，对学习活动实行即时指导和适当干预
	15. 灵活处置课堂教学中因技术故障引发的意外状况	15. 灵活处置学生在信息化环境中展开学习活动发生的意外状况
	16. 鼓励学生参与教学过程，引导学生提升技术素养并发挥其技术优势	16. 支持学生积极探索使用新的技术资源，创造性地展开学习活动
评估与诊断	17. 根据学习目标科学设计并实施信息化教学评价方案	17. 根据学习目标科学设计并实施信息化教学评价方案，并合理选择或加工利用评价工具
	18. 尝试利用技术工具收集学生学习过程信息，并能整理与分析，发现教学问题，提出针对性的改进措施	18. 综合利用技术手段实行学情分析，为促动学生的个性化学习提供依据
	19. 尝试利用技术工具展开测验、练习等工作，提升评价工作效率	19. 引导学生利用评价工具展开自评与互评，做好过程性和终结性评价
	20. 尝试建立学生学习电子档案，为学生综合素质评价提供支持	20. 利用技术手段持续收集学生学习过程及结果的关键信息，建立学生学习电子档案，为学生综合素质评价提供支持
学习与发展	21. 理解信息技术对教师专业发展的作用，具备主动使用信息技术促动自我反思与发展的意识	
	22. 利用教师网络研修社区，积极参与技术的专业发展活动，养成网络学习的习惯，持续提升教育教学水平	
	23. 利用信息技术与专家和同行建立并保持业务联系，依托学习共同体，促动自身专业成长	
	24. 掌握专业发展所需的技术手段和方法，提升信息技术环境下的自主学习水平	
	25. 有效参与信息技术支持下的校本研修，实现学用结合	

资料来源：教育部办公厅关于印发《中小学教师信息技术应用能力标准（试行）》的通知［EB/OL］.［2020-12-20］. http://www.moe.gov.cn/srcsite/A10/s6991/201405/t20140528_170123.html.

基于《标准》对中小学教师信息技术应用能力的"基本要求"和"发展性要求"，教育部研究制定了《中小学教师信息技术应用能力培训课程标准（试行)》，设置"应用信息技术优化课堂教学"、"应用信息技术转变学习方式"和"应用信息技术支持教师专业发展"三个系列的课程，帮助教师应用信息技术提高学科教学能力、促进专业发展。截至2017年底，共培训全国中小学教师1 000多万名，基本完成全员培训任务，普遍提高了中小学教师应用信息技术改进教育教学的意识和能力。

（二）《中小学教师信息化教育教学能力发展框架》（2019 年）

信息技术的发展，尤其是大数据、人工智能等新技术的变革，对教师信息技术应用能力提出了新要求。2019 年，为贯彻落实教育部《教育信息化 2.0 行动计划》的要求，教育部启动实施全国中小学教师信息技术应用能力提升工程2.0，确立目标是"到2022年，构建以校为本、基于课堂、应用驱动、注重创新、精准测评的教师信息素养发展新机制"[①]，以学校信息化教育教学改革发展引领教师信息技术应用能力提升，助力高素质、专业化、创新型教师队伍建设，推动教师教学能力向纵深方向发展。同年，发布了《中小学教师信息化教育教学能力发展框架》。该框架依据《标准》，结合信息技术教学应用的最新发展，研制包括利用信息技术进行学情分析、教学设计、学法指导和学业评价等30项微能力，分别适用于多媒体教学环境、混合学习环境、智慧学习环境（见表4－2)。

表 4－2　中小学教师信息化教育教学能力发展框架

维度	信息技术应用环境		
	多媒体教学环境	混合学习环境	智慧学习环境
学情分析	A1 技术支持的学情分析	B1 技术支持的测验与练习	
教学设计	A2 数字教育资源获取与评价 A3 演示文稿设计与制作 A4 数字教育资源管理	B2 微课程设计与制作 B3 探究型学习活动设计	C1 跨学科学习活动设计 C2 创造真实学习情境
学法指导	A5 技术支持的课堂导入 A6 技术支持的课堂讲授 A7 技术支持的总结提升 A8 技术支持的方法指导 A9 学生信息道德培养 A10 学生信息安全意识培养	B4 技术支持的发现与解决问题 B5 学习小组组织与管理 B6 技术支持的展示交流 B7 家校交流与合作 B8 公平管理技术资源	C3 创新解决问题的方法 C4 支持学生创造性学习与表达 C5 基于数据的个别化指导
学业评价	A11 评价量规设计与应用 A12 评价数据的伴随性采集 A13 数据可视化呈现与解读	B9 自评与互评活动的组织 B10 档案袋评价	C6 应用数据分析模型 C7 创建数据分析微模型

资料来源：教育部教师工作司印发《全国中小学教师信息技术应用能力提升工程2.0校本应用考核指南》［EB/OL］．［2021－10－10］．https：//www.cernet.edu.cn/xxh/focus/zc/202109/t20210910_2153759.shtml.

---

① 教育部关于实施全国中小学教师信息技术应用能力提升工程 2.0 的意见［EB/OL］．［2020－12－20］．http：//www.moe.gov.cn/srcsite/A10/s7034/201904/t20190402_376493.html.

思考·讨论

请利用网络搜索《中小学教师信息化教育教学能力发展框架》，了解每项微能力的内涵与要求，任意选择一项微能力向组内同学做出解释。

资料链接

美国国际教育技术协会发布的《教育者标准》（2017 版）

美国国际教育技术协会（The International Society for Technology in Education，ISTE）作为专业组织，拥有近 20 年的标准研制历史，其开发的中小学生、教师、管理者、技术教练、信息技术教师等的信息技术应用能力标准，被国际社会广泛采纳，在中小学教育信息化领域享有很高的声誉。2017 年，ISTE 发布《教育者标准》，实质是教师信息技术创新应用能力标准。该标准以教师在技术创新教学中的角色，命名了教师标准的 7 大能力维度，分别为：学习者、领导者、公民、合作者、设计者、促进者、分析者。其中，学习者、领导者、公民划分为赋权型专业人员，合作者、设计者、促进者、分析者划分为学习催化剂角色。该标准以实现学生核心素养发展为目的，以给学生学习赋权为灵魂，以教师创新型角色为表现，以教学法创新为核心。

资料来源：王永军. 中小学教师信息技术创新应用能力框架构建研究：基于 ISTE 2017 版《教育者标准》[J]. 远程教育杂志，2019（6）：50-60.

二、技术融合的课堂教学

21 世纪是"课堂革命"的世纪。课堂不变，教师不会变；教师不变，学校不会变。这场革命要求教师实现优秀传统文化的传承与富于创意的挑战[①]。言下之意，教师不仅肩负着知识传播与文化传承的重要责任，更重要的是，应具备应对新情境开展课堂教学创新的意识与能力。在信息时代，教师面对的新情境是一种技术融合的课堂教学情境。教师是否具备信息技术应用能力，决定了其是否能应对技术融合的课堂教学情境挑战，开展创意教学。有关教师学习的研究指出，教师学习不仅仅是简单地去获得"结构化知识"，更重要的是要通过对现实问题的洞察和分析，去学习那些看似没有必要但是却非常重要的知识或技能。由此，教师的专业化学习并不能完全依靠信息呈现和讲解，教师需要在真实的工作场所中，寻求相关教学问题的解决办法。这意味着，教师信息技术应用能力提升不能仅仅依赖于培训，而是需要教师深入课堂教学实践中，全面洞察自己面临的教学处境，在特定的情境中去认识、理解和建构有关信息技术应用的知识，从而解决问题并据此提升自己应用信息技术的意识与决策。

---

① 钟启泉. 读懂课堂 [M]. 上海：华东师范大学出版社，2015：1.

（一）"一师一优课、一课一名师"活动（2014 年）

2014 年，教育部根据全国中小学教师信息技术应用能力提升工程的部署，决定开展"一师一优课、一课一名师"活动，旨在以应用为导向，以资源共享为纽带，以教师课堂应用为中心，创新教育教学模式和方法，推动信息技术与教学深度融合。

通过"一师一优课、一课一名师"活动的开展，进一步增强教师对信息技术推进教学改革、提高教学质量重要性的认识，充分调动各学科教师在课堂教学中应用信息技术的积极性和创造性，进一步发挥教师的个体创新力量，使每位教师能够利用信息技术和优质数字教育资源至少上好一堂课；建设一支善用信息技术和优质数字教育资源开展教学活动的骨干教师队伍，使每堂课至少有一位优秀教师能够利用信息技术和优质数字教育资源讲授；促进优质数字教育资源的开发与共享，逐步形成一套覆盖中小学各年级各学科各版本的生成性资源体系，推动信息技术和数字教育资源在中小学课堂教学中的合理有效应用和深度融合①。

"一师一优课、一课一名师"活动主要包括教师网上"晒课"与"优课"评选两个阶段。其中，教师"晒课"的内容应包括一堂完整课堂教学的教学设计、所用课件及相关资源（或资源链接）、课堂实录（可选）和评测练习（可选）等。内容须符合新版课程标准要求，体现学科特点和信息技术应用的融合性，突出展现数字教育资源的课堂应用及如何利用信息技术和数字教育资源创新教学方法、有效解决教育教学的重难点等课堂教学内容。教师"晒课"的渠道是利用国家教育资源公共服务平台提供的"晒课"功能进行实名制网上"晒课"。"一师一优课、一课一名师"的网址为 https：//1s1k. eduyun. cn/portal/html/1s1k/index/1. html。

通过晒课，教师不仅可以展示自己的教育教学理念，而且可以展现现代信息技术与教学融合的课堂教学。这是检验教师信息技术应用能力的一种有效力证，也是提升教师信息技术应用能力的一种可行举措。通过晒课，校本教研、区域教研可以打破时空，形成基于网络实践社群的教研新样态。地方各级教研部门组织教师看课评课，开展网络教研，分享典型经验，推广优秀案例，鼓励教师探索利用信息技术和教学融合的不同方法和多种模式，踊跃展示自己的优秀课堂教学，促进生成性资源不断推陈出新，形成示范性资源体系，为广大教师使用数字教育资源开展日常教育教学活动提供示范和便利，推动数字教育资源在不同教学环境下的应用，打开优质数字教育资源"共建共享"的新局面。

（二）基础教育精品课活动（2021 年）

为深入贯彻落实《中共中央 国务院关于深化教育教学改革全面提高义务教育质量的意见》《关于大力加强中小学线上教育教学资源建设与应用的意见》等文件精神，适应新时代基础教育高质量发展的需要，促进信息技术与教学融合创新，推动优质教育教学资源共建共享，在总结"一师一优课、一课一名师"活动经验的基础上，教育部于 2021 年决定组织开展"基础教育精品课"遴选工作，其目标在于：

---

① 教育部办公厅关于开展 2014 年度"一师一优课、一课一名师"活动的通知 [EB/OL]. [2020 - 12 - 12]. http：//www. moe. gov. cn/srcsite/A06/jcys_jyzb/201407/t20140703_171300. html.

（1）激发教师教学热情。调动广大教师投身课堂教学的积极性和创造性，促进教师深入研究课程教材内容，学习借鉴国家中小学网络云平台优质课程案例，融合应用现代信息技术，创新教学方式方法，提高课堂教学质量和教育教学能力。

（2）汇集优质教学资源。建立健全优质课程资源遴选更新机制，系统化、体系化建设云平台优质课程教学资源，不断丰富平台资源内容，提高平台资源质量。

（3）服务学生教师使用。满足学生自主学习和个性化学习需求，为学生预习、复习、开展探究式学习和项目式学习提供服务，促进减轻学生过重学业负担；支持教师课堂教学，为教师优化教学设计、丰富教学内容、开展线上线下混合教学等提供服务。

（4）促进优质均衡发展。促进优质教育资源共享使用，帮助农村学校开足开齐开好国家课程，加快提升农村教育质量，缩小城乡教育差距，促进构建优质均衡的基本公共教育服务体系。

与 2014 年"一师一优课、一课一名师"活动相比，2021 年基础教育精品课活动不是"晒"一堂完整的课堂，而是"传"一个微课视频。微课内容应为教育部审定的中小学教材中的具体一课（节）所含知识。一课（节）如有多个课时，需分别制作多个微课，最多不超过 3 个课时。每课时微课包括教学设计、学习任务单、作业练习、课件、微课视频等，如有实验内容，可提供实验视频。教师传课的渠道是利用"基础教育精品课"平台提供的"传课"功能进行实名制传课。"基础教育精品课"的网址为 https：//jpk.eduyun.cn/portal/html/jpk/1.html。

三、师范生专业能力的职前培养

近十年来，教育部相继发布《关于实施卓越教师培养计划的意见》和《关于实施卓越教师培养计划 2.0 的意见》，要求"培养造就一批教育情怀深厚、专业基础扎实、勇于创新教学、善于综合育人和具有终身学习发展能力的高素质专业化创新型中小学教师""紧密结合中小学教育教学实践，全面改革教师教育课程内容。将学科前沿知识、课程改革和教育研究最新成果充实到教学内容中，及时吸收儿童研究、学习科学、心理科学、信息技术的新成果"。师范生作为未来教师的预备力量，其专业能力将直接影响未来教育的质量。因此，从时代发展对教师专业能力的要求出发，探讨与研究师范生专业能力标准，是培养师范生专业能力的基本前提。

（一）《师范生信息化教学能力标准》（2018 年）

中小学教师作为教育教学的组织者和引导者，是推动基础教育信息化的中坚力量，其信息技术应用能力水平对优化课堂教学、转变学生学习方式具有重要影响。对师范生教育而言，职前阶段培养师范生的信息化教学能力，以适应和衔接基础教育信息化建设的需求，是十分必要的。2015 年，教育部-中国移动科研基金项目正式启动"师范生信息化教学能力标准与培养模式实证研究"项目，由华东师范大学牵头，联合华中师范大学、南京师范大学、陕西师范大学、西北师范大学、西南大学共六所高校的 20 多名教育领域专家与一线教师组成核心研制工作组，历时两年多研制出了《师范生信息化教学能力标准》。

《师范生信息化教学能力标准》以 2014 年教育部发布的《中小学教师信息技术应用能力标准（试行）》中的"发展性要求"为逻辑起点，根据中小学教师与师范生面临的教学情境、实践机会等的差异重新分解能力维度，从学生视角的"技术支持学习"与未来教师视角的"技术支持教学"出发，形成包括基础技术素养、技术支持学习、技术支持教学三个维度，每个维度下又分为三个子维度（见图 4-1）。

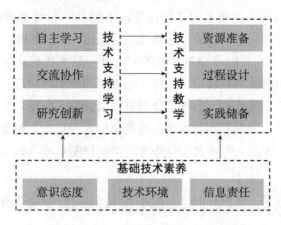

图 4-1 师范生信息化教学能力标准框架

资料来源：任友群，闫寒冰，李笑樱．《师范生信息化教学能力标准》解读［J］．电化教育研究，2018（10）：5-14.

"基础技术素养"是师范生不管作为学生还是作为未来教师都必须具备的基础能力，包括意识态度、技术环境、信息责任三个维度，即主动学习和主动运用信息技术的意识与态度、必备的教/学软硬件及平台等的掌握情况以及基本的信息道德和信息素养。"技术支持学习"是师范生作为学生必须掌握的能力，虽然与其未来职业能力没有直接联系，但是属于一种可迁移能力，对其现在和未来的学习、生活、工作等均有着重要影响，包括自主学习、交流协作、研究创新三个维度，即运用信息技术开展自主学习、团队协作、问题解决的能力。"技术支持教学"是师范生作为未来教师所必须具备的职业技能，包括资源准备、过程设计、实践储备三个维度，即根据预设的教学情境，选择与制作数字教育资源，设计教学活动策略，运用信息技术开展教学过程跟踪、分析、评价、干预等的能力①。

> **思考·讨论**
>
> 请利用网络搜索《师范生信息化教学能力标准》，了解标准框架与各维度指标，对照自身的实际情况，分析差距，思考努力的方向，并与其他学习伙伴交流。

（二）《小学教育专业师范生教师职业能力标准（试行）》（2021 年）

为切实落实"卓越教师培养计划"中"分类推进培养模式改革"的要求，建立各类师范生教育教学能力考核制度，教育部于 2021 年发布《小学教育专业师范生教师职业能力

---

① 任友群，闫寒冰，李笑樱．《师范生信息化教学能力标准》解读［J］．电化教育研究，2018（10）：5-14.

标准（试行）》，从师德践行能力、教学实践能力、综合育人能力、自主发展能力四个方面规范小学教育专业师范生教师职业能力。

教学实践能力又细分为掌握专业知识、学会教学设计、实施课程教学三个维度。其中，在掌握专业知识的维度，除了通用的教育学知识、学科知识以及跨学科知识外，还特别包括信息素养方面的知识，具体为"了解信息时代对人才培养的新要求。掌握信息化教学设备、软件、平台及其他新技术的常用操作，了解其对教育教学的支持作用。具有安全、合法与负责任地使用信息与技术，主动适应信息化、人工智能等新技术变革积极有效开展教育教学的意识"。在实施课程教学的维度，对师范生教师在学法指导与教学评价中的信息技术应用能力也做出明确规定。比如，知道不同类型的信息技术资源在为学生提供学习机会和学习体验方面的作用，合理选择与整合信息技术资源，为学生提供丰富的学习机会和个性化学习体验；能够利用技术工具收集学生学习反馈，跟踪、分析教学与学生学习过程中存在的问题与不足，形成基于学生学习情况诊断和改进教学的意识。

第二节 信息时代卓越小学教师的教学能力维度

每位中小学教师都应努力提高教学能力，卓越是我们追求的终极目标。卓越教师应是具有高尚的人格魅力与浓烈的职业情感、先进的教育理念与深厚的教学底蕴、宽厚的学科基础与高超的授课技艺，并善用信息技术促进教学创新，实现职业可持续发展的智慧型教师。卓越教师也应是教育教学改革实践的先锋和领头人。在信息时代，小学教师应从以下四方面提升教学能力，从而不断超越自我达至卓越[①]。

一、积累深厚的学科教学知识功底

每个人无论充当何种社会角色，都必须具备相应的知识。小学教师需掌握的学科知识并非限于正确的事实、概念、理论和过程，还包括所教学科的性质、结构和认识论及其在文化和社会中的意义。要成为一位卓越小学教师，提高教学专业知识能力是基础。

（一）不断更新教学理念

"思想决定行为"，具有先进的教学理念是提升教师能力的第一要义。随着时代的发展，教育教学改革也在不断深化。"立德树人"是新时代教育教学改革的根本宗旨。信息时代，小学教师应以全面落实立德树人的根本任务为使命，培养小学生适应新时代发展的必备品格和关键能力。卓越小学教师作为一线教师的领头人，需要理解与深化育人目标，并将这种理解与深化转化为学科课程目标，从而实现学科所承担的育人价值。

---

① 本节部分内容是根据本书作者主持的广东省一流本科课程"小学现代教育技术应用"的团队成员李宇韬老师（广东省小学数学名师）的课程第 2 讲"数字时代小学卓越教师的能力要求"的内容，以及作者在《中小学数字化教学》（2020 年第 6 期）发表的论文《数字时代教师能力提升的四个维度》整理而成。

我们可以梳理一下近几十年体现教学理念的几个重要概念：20世纪60年代提出的"双基"，强调基础知识、基本技能，以学科为本培养具有扎实"双基"的人才是当时国家发展的基本需要；随着改革开放，社会对人才能力的界定发生了变化，20世纪80年代教育界提出与"应试教育"相对应的"素质教育"，关注人才的综合素质；促进人的全面发展，除了关注知识技能，还须重视过程方法与情感态度，因此在21世纪新一轮课程改革中提出"三维目标"；党的十八大提出"立德树人"，从教育结果层面对教育提出人才培养的进一步需求——"核心素养"（必备品格和关键能力）。新的提法是对前面提法的继承与发展：从"双基"到"三维目标"，强调学生的发展是三维整合的结果；从"三维目标"到"核心素养"，是将知识与技能、过程与方法深化为能力，将情感态度与价值观提升为品格。史宁中教授曾指出，"用信息技术改造教学，终将实现为学生增长智慧赋能的教育"。卓越小学教师要理解新理念、新要求，并勇于在信息化教学中践行新理念。

（二）深刻理解学科内容知识

教师帮助学生有效迁移知识，前提是所教知识是有联系的、学生能理解的，这就需要教师深刻理解学科内容知识。教师深刻理解学科内容知识有三个标准：一是正确性，二是意义，三是联系度。正确性指教师对所教概念、原理、命题等进行准确表述，同时提供丰富的表征方式，帮助学生正确理解。意义指触及知识本质的深刻认识，表现为对内容理解达到一定深度。联系度指宽至知识网络的广泛认识，即基于教材知识结构分析知识的学习路径，把握教学起点与生长点。

要做到深刻理解学科内容知识，需要做到三点：一是通过多元表征和准确表述正确呈现内容；二是以意义层面的理解触及知识本质，基于课程标准把握所教知识的深度；三是基于教材知识整体结构与知识本质把握教学广度。

（三）科学分析学生认知情况

教学目标是通过一定的教学活动准备在学生身上实现的预期变化。学习是学生自主建构认知结构的过程。一名卓越的小学教师，从制订教学目标开始就应深入分析学生认知情况，以学生为主体设计与实施教学活动。具体来看，可以从三个方面把握学生认知情况：

一是认知特征。教师在课程设计时应考虑本阶段学生学习的特点，使教学符合学生的认知规律和心理特征，这样有利于激发学生的学习兴趣，引发学生思考。例如，在分析六年级学生的数学认知特征时，根据皮亚杰的认知发展阶段理论可知，小学生处于第三阶段，即具体运算阶段（7～11岁），这个阶段的儿童已经具有抽象概念，能够进行初步的逻辑推理；而初中生处于第四阶段，即形式运算阶段（11～15岁），具有解决各类问题的推理逻辑能力，无论有无具体事物，都可了解形式中的相互关系与内涵的意义。小学六年级学生年龄大都为十一二岁，他们的认知能力处于具体运算阶段与形式运算阶段之间。虽然思维处于形式运算阶段的儿童能获得纯粹以命题形式呈现的概念和规则的认知，但多数小学生并未达到这一发展水平。小学生在学习抽象概念时，仍需要经验支持。

二是生活经验。课程是沟通学生的现实生活世界和可能生活世界的桥梁。授课内容要想被学生理解和接受，教师必须联系学生生活，将学生生活经验作为教学的起点内容之一。例如，小学阶段的数学知识因其基础性、普及性而具有很强的生活性，很多知识源自生活，并在生活中有着广泛的应用。了解学生对所学知识的生活经验，教师可以更加准确地找到教学的起点。

三是学习基础。学生的学习是认知的再构过程，这一过程必须以学生的已有学习为基础。了解学生已有学习基础，有助于教师准确把握学习的起点，恰当地设置学生学习的"最近发展区"。例如，在小学数学百分数内容的学习前，学生已完成分数的抽象认识与实际应用，对"单位1"、分数概念以及分数应用有较好的认识，这将是学生理解百分数概念的基础。如何分析学生已有基础？教师可以凭借过往的教学经验，也可以通过课前调查。

二、深刻理解教育信息化

为实现现代信息技术与小学教学的融合，我们需要深刻理解现代信息技术与小学学科教学各自的特征、利弊，才能很好地使二者为促进学生学习发展而深度融合、创新。如何合理应用信息技术创新教学，首先要有卓越的学科教学专业能力，其次是要深度理解教育信息化发展的特征。教育信息化并非简单的信息技术加教育，而是用技术改善教育、创新教育。教育信息化具有怎样的特征，教师又该如何对待？

（一）认清技术特征

现代信息技术的主要特征是数字化、网络化、智能化、多媒体化。现代信息技术改善、创新教育主要表现在以关注学习过程为核心的学习分析方面。在数字化、教育大数据应用的背景下，教师逐步学会综合应用数据挖掘、人工智能、自然语言处理等技术，对学习过程中多个层次的数据进行分析，并提出针对性的学习建议与策略，依靠数据来管理，而非仅依靠经验，这将使教育发生深刻变化。

（二）掌握教育属性

共享、开放、交互、协作是信息化的教育属性特征。共享是教育信息化的本质特征；开放则打破了以学校教育为中心的教育体系，使教育社会化、终身化、自主化；交互指人机之间双向沟通或人与人之间的远距离交互，促进师生之间的多向交流；协作则为教育者提供了更多的人际协作或人机协作完成任务的机会。

（三）展望深度融合

新技术发展之下的技术与教学的深度融合，能帮教师解决哪些教学问题？我们对它有哪些期望？生活在技术环境中的人，首先要适应技术，不仅要适应技术规则，而且要适应技术社会。技术已成为社会的一部分。技术作为教育工具，它的发展和应用正在推动教育系统性变革，正在改变学习形态、学习模式。我们期望新的技术帮我们解决相关教学问题。现代信息技术与小学教学的融合应该是系统化的，将学科的教学融为一体，集教学资源、教学帮助、学习评价、成绩跟踪、合作交流等为一体，构建最优的网络教学环境；也是智能化的，记录学生学习知识的完整过程，及时反馈信息，为学生后续学习、教师教学提供参考；还是个性化的，学生根据自身情况选择学习流程，不受时间、空间限制，自主学习。

三、全面提高信息化教学设计能力

信息时代，卓越小学教师需要具备全面、系统的信息化教学设计能力，善用现代信息技术优化、创新教学。在教学中需要做好如下三方面的设计，并在实践中提升自身能力。

（一）设计信息化教学方式

从学习主体来看，学习方式主要有自主型学习和共同解决问题型学习。传统的课堂教学通常采用共同解决问题型学习方式进行。在传统课堂上，即便教师安排学生自主学习，也会因为统一的教学步调而难以让每个学生真正自主学习。在信息化教学环境下，教师可以突破传统教学内容、资源局限，以及教学时间、空间限定的桎梏，重构教学流程，借助技术手段实施不同的教学活动。我们进行信息化教学方式设计，不能简单地使用信息技术手段代替传统教学手段，而要在深刻理解教学内容、学生学习基础的情况下精准设定教学目标，根据不同目标层次采取不同学习方式，给学生创设相应的学习情境，提供合适的学习资源，关注对学习过程和结果的评价，落实对学生必备品格和关键能力的培养。

（二）构建信息化教学环境

移动互联网、大数据、人工智能的应用给教学环境带来了翻天覆地的改变。信息化教学应用平台和工具不断更新，为教学带来了便利。作为卓越小学教师，我们应了解现有的信息化教学应用平台和工具，并能根据教学需要进行合理的组合，为学生构建适用的信息化教学环境。经过多年的教学实践探索，我提出了"基于多元网络平台的'教-学-评'模型"。我将"UMU互动学习平台""交互式电子白板""人教智慧教学平台"等进行整合，融合应用上述模型，优势互补，搭建了一个"基于精准学习评价"的"教-学-评"信息化教学环境，在实践中探索现代信息技术与小学数学教学的融合创新。

（三）组织信息化教学资源

根据迈耶的多媒体学习的认知理论，多媒体教学信息提供了一种具有巨大潜力的学习技术——一种能促进人类学习活动的系统。但值得注意的是，服务于不同学习方式的数字教育资源，其设计策略也不尽相同。卓越小学教师应把握以下两点：首先，它必须是以学习为中心的良好教学设计，这是让学习有效发生的前提；其次，尽可能呈现与人类学习方式一致的多媒体信息，这是促进学习有效发生的助推器。例如，服务于学生自主探究的支架式学习资源，应具有以学生自主学习为主的特征。教师以小步骤推进的方式设计层层递进的探究问题，有时需要给学生必要的动手操作和记录思考过程的机会，对于有一定难度的操作，还可以视情况提供操作示范的视频等。

四、构建卓越的信息化教学实践能力

有了科学的设计和先进的技术，能否达到预期的教学目标，关键看实施的过程和质量。在信息时代，在我们原本熟悉的教学手段中增加了交互式电子白板、电子书包、智慧学习平台等现代教学设备与环境。卓越小学教师应该勇于做一名信息化教学实践的先行者，用自己的实践探索让信息化教学更快、更好地走进更多教师的课堂。在使用信息化工具方面，小学生的学习能力非常强，教师也不能落后，更应该利用课余时间钻研这些技术，并合理地将它们应用于教学，使教学事半功倍。

（一）熟练使用信息化教学工具

交互式电子白板是目前常见的新型信息化教学工具之一，它内置了许多教学资源和小工具，交互功能远远超过了传统的"电脑＋投影"。目前，许多学校都基本上配备了交互式电子白板，但由于缺乏培训，教师也较少主动钻研，结果只是把它当成 PPT 的展示工具，极大地浪费了它应有的交互教学功能。此外，随着智慧校园建设的普及，越来越多的学校开始建设"智慧教室"，在网络环境下将交互式电子白板、电子书包、学习平台整合在一起，增强课堂学习互动，及时了解学生学习情况，实施针对性教学。教师只有熟悉了信息化教学工具的功能并能熟练使用，才能最大化发挥这些工具的教育价值。

（二）灵活掌控课堂

卓越小学教师需要具备根据教学需要在不同教学环境、资源中进行灵活转换的能力。信息技术是对人体各种官能的延伸，如果我们熟练掌握了它们，就像用自己的眼、耳、口、脑那样自如，便能更好地掌控课堂。例如，小学生完成练习后教师需要讲评，在传统教学中，教师通常是让个别学生在黑板上演算，然后采取学生讲或教师讲的方式讲评。在智慧课堂教学中，教师可以及时了解每个学生的学习情况，随机选取几个学生的作业进行对比讲解，也可让学生互评，还可以在对比讲解后让每个学生带着对题目的正确解答通过交叉互评进行二次评价。

（三）挖掘应用教学数据

应用云计算、大数据等现代技术进行及时、精准的在线评价，有利于教师利用数据全面、精准把握学情。如何利用好这些数据使教学更加精准、高效？卓越小学教师应具备一定的信息化教学数据挖掘能力。例如，课堂上系统生成一道选择题的答题结果数据，总的正确率代表着学生整体对这个问题的理解情况，每个选项的选择人数、具体学生数据则代表着每个学生对问题理解的异同。卓越小学教师会根据这些数据确定后续教学策略：是详细讲评还是只针对出错问题多的选项进行分析，是让答错的学生介绍其思路还是让答对的学生阐述其方法。

◤ 资料链接

智能时代教师能力新要求

2019 年，《教育部关于实施全国中小学教师信息技术应用能力提升工程 2.0 的意见》指出，教师需要主动适应人工智能等新技术变革，形成智能化教育意识，掌握智能化教育工具，探索跨学科教学、智能化教育等教育教学新模式。为更好地适应智能教育要求，教师应重构角色，包括创意教学设计者、创意智能教学行动者、创意智能学习示范者、智慧型教师引领者四重角色，每种角色有着不同的能力表现。

创意教学设计者应具备激发创意教学设计理念、生成创意教学设计行为、强化流畅创意学习体验的能力。创意智能教学行动者应具备数字创意资源设计与应用、数字智能创意教学法、数字智能创意评估的能力。创意智能学习示范者应具备平衡、健康和文明应用教育人工智能技术的能力，以及创意思维的发现和创意人造物的生产的能力。智慧型教师引领者应具备应用教育人工智能技术提升专业实践绩效、提升教育人工智能融合创新的洞察力与学习力、发展智能教育研究与实践的教学领导力的能力。

资料来源：胡小勇，徐欢云．面向 K-12 教师的智能教育素养框架构建［J］．开放教育研究，2021(8)：59-70．

第三节　信息时代卓越小学教师的教学能力特点

不管是对在职教师的信息技术应用能力的要求，还是对师范生的信息化教学能力的要求，我们不难看出，要想成为信息时代的一名卓越小学教师，其教学能力应具有时代性、价值性、引领性和整体性的鲜明特点。

一、时代性

现代信息技术的发展日新月异，大数据、沉浸式技术、人工智能等新技术逐渐走入小学课堂教学，它们给教学带来了便利，也带来了挑战。卓越小学教师应能与时俱进，主动适应新技术变革，了解适用于小学教学场景的新技术产品特点，熟悉新技术工具及其应用系统的操作，积极运用新技术开展小学教学创新的探索与实践。尽管应用新技术创新教学是一个漫长且艰辛的过程，但是，卓越小学教师应有"长风破浪会有时"的自信，有"不畏浮云遮望眼"的韧性，有"芳林新叶催陈叶"的勇气，以敢闯敢干、自我革新的担当，打破传统教学的固化思维，开展新技术融合小学教学的实践创新，建立信息时代教学实践所需的设计思维、数据思维、创新思维等。

二、价值性

教学关乎师生成长。卓越小学教师的教学能力发展应体现在学生视角的"促进人的全面发展"和教师视角的"促进自我专业发展"两个层面。从学生视角来说，卓越小学教师的教学能力将转化为课堂教学设计与实施，例如，是否能合理有效地运用现代信息技术优化课堂教学，是否能合理有效地运用现代信息技术转变学生的学习方式。但是，卓越小学教师在将教学能力转化为课堂教学实践时，是否始终能将"立德树人"作为价值追求，将"教学规律"作为价值准绳，将"技术伦理"作为价值规约，即是否能遵循小学学科教学规律和小学生认知特点开展信息技术应用？是否能安全、合法与负责任地使用信息技术开展教学？信息技术应用是否能实现知识传授、能力发展和价值引领有机统一？信息技术应用是否能促进学生核心素养和高阶思维发展？从教师视角来说，卓越小学教师的教学能力是教师延绵自我生命、实现自我价值、追求自我发展的具体表现。教师正是在不断提升能力的过程中，实现自我成长、自我完善、自我确证。

三、引领性

作为卓越小学教师，他们会对身处信息时代的自己提出更高的要求。所以，他们以《中小学教师信息技术应用能力标准（试行）》和《中小学教师信息化教育教学能力发展框架》的高标准来要求自己，激励自己不断探索、创新与发展。换而言之，《标准》和《框架》对他们来说，既是对现实的观照，也是对未来的引领。他们既能从《标准》和《框架》中发现自己存在的不足，又能从《标准》和《框架》中确立自己奋斗的方向，在实践探索中增长智慧才干，在实践探索中增强使命担当，在实践探索中实现能力提升，进而为同行教师树立典范，引领同行教师共同成长。

四、整体性

作为卓越小学教师，他们通常不会从单一维度看待教学能力的提升，而是从整体角度协调各项教学能力的发展。例如，倘若要开展信息技术支持的精准教学，教师会思考如何利用信息技术做精准的学情分析，如何利用信息技术做精准的资源设计，如何利用信息技术做精准的活动组织，如何利用信息技术做精准的教学评价。这涉及学情分析、教学设计、学法指导、学业评价等各项能力的发展。

阅读导航

1. 广东省一流本科课程"小学现代教育技术应用"（中国大学 MOOC 平台）第 2 讲"数字时代小学卓越教师的能力要求"。

2. 杨现民，李新. 中小学教师数据素养 [M]. 北京：科学出版社，2020.

3. 尹睿，张文朵，何靖瑜. 设计思维：数字时代教师教学能力发展的新生长点 [J]. 电化教育研究，2018（8）：109 - 113.

4. 胡小勇，徐欢云. 面向 K-12 教师的智能教育素养框架构建 [J]. 开放教育研究，2021（8）：59 - 70.

5. 余碧春，林启法，颜桂炀. 智能时代卓越教师核心素养培育探析 [J]. 教师教育研究，2020（9）：54 - 58.

6. 教育技术国际协会（ISTE）. 教师教育技术能力标准（2016 年）[EB/OL]. [2020 - 10 - 06]. https://www.iste.org/standards/iste-standards-for-teachers.

思考与作业

1. 教师信息技术应用能力提升的国家行动有哪些？
2. 信息时代卓越小学教师的教学能力特点有哪些？
3. 信息时代卓越小学教师的教学能力维度有哪些？
4. 挑战性作业：综合实践题（任选一题）。

（1）利用网络搜索《中小学教师信息技术应用能力标准（试行）》（2014 年），认真阅读并对比《中小学教师信息化教育教学能力发展框架》（2019 年），用双气泡型思维导图将两份标准的相同之处与不同之处描述出来，体会教师信息技术应用能力的新要求。

（2）开展"寻找身边的卓越小学教师"活动，采访当地一位在信息技术与学科教学融合方面表现卓越的小学教学名师，记录其成长历程与自己的感悟，体会榜样的力量，以"卓越小学教师的成长"为题，撰写一份采访稿（不少于 3 000 字）。

（3）根据信息时代卓越小学教师的教学能力要求，结合自己的实际情况，明确学习奋斗的目标，以"我的理想：卓越小学教师"为题，撰写一份学习规划（不少于 3 000 字）。

学习反思

根据本章的学习情况，请您利用 P-M-I-Q 反思框架进行自我反思，并做好记录。

反思框架			
P（plus） 我已经学懂的内容	M（minus） 我尚未学懂的内容	I（interesting） 我感兴趣的内容	Q（question） 我感到疑惑的问题
1. 2. 3.	1. 2. 3.	1. 2. 3.	1. 2. 3.

资源应用篇

➡ 导读概览

    2018 年，教育部提出《教育信息化 2.0 行动计划》，强调未来教育信息化的发展方向关键在教与学的常态化应用，覆盖全体教师和学生。在教育信息化 2.0 时代，国家高度重视数字教育资源建设，将数字资源服务普及行动作为实施行动计划的首要任务。2021 年 1 月，教育部等五部门出台《关于大力加强中小学线上教育教学资源建设与应用的意见》，指出"将信息技术在教育教学中的融合应用作为推进'教育＋互联网'、深化基础教育育人方式改革、加快推进教育现代化的重大战略工程""加强线上优质教育资源的建设与应用是落实教育高质量发展的重要举措"。2022 年 3 月，国家智慧教育公共服务平台正式上线。教育部部长怀进鹏发表重要讲话，指出"国家智慧教育平台的上线，是教育系统贯彻党中央、国务院决策部署的实际行动，是教育数字化战略行动取得的阶段性成果""以'应用为王、服务至上'为总要求，持续推进建设并充分运用国家智慧教育平台，有助于把数字资源的静态势能转化为教育改革的动能"。可见，数字教育资源的建设，要坚持应用为先，满足教师教学与学生学习，进而促进教学质量提升。

    数字教育资源的种类繁多。国家教育资源公共服务平台把常用的数字教育资源分为：教学素材、教学课件、网络课程、虚拟仿真系统、教育游戏、教学案例、数字图书、数字教材、教学工具、学习网站共十大类。随着信息技术在教育应用中的普及，诸如微课、虚拟实验等新型教学资源不断涌现。在小学教育领域，课堂教学常见的数字教育资源有：教学课件、微课和虚拟实验。那么，什么是教学课件？如何设计教学课件？如何应用教学课件？什么是微课？如何设计微课？如何应用微课？什么是虚拟实验？如何应用虚拟实验？什么是数字教材？如何应用数字教材？对于这些问题的思考与解答，有助于深刻理解信息技术与小学教学融合的意蕴，树立"应用驱动"的数字教育资源建设观，以教学需求为导向，科学设计与合理应用数字教育资源。

第五章

教学课件的应用

学习目标

1. 能准确说出教学课件的概念与特点；

2. 能举例说明教学课件的类型；

3. 能掌握教学课件的设计；

4. 能掌握课堂教学型课件与自主学习型课件的应用方法；

5. 在案例分析、问题讨论、方案设计的活动中，体会教学课件对优化小学课堂教学的重要作用，建立应用教学课件优化小学课堂教学的设计思维，增强信息技术与小学教学融合的主动意识。

问题导入

在教育部发布的《中小学教师信息技术应用能力标准（试行）》和《中小学教师信息化教育教学能力发展框架》中，多媒体环境下的教学是教师信息技术应用能力的基本要求。为了有效地开展多媒体环境下的教学，多媒体教学课件是一种重要的数字教育资源。然而，长期以来，许多教师对多媒体教学课件的认识基本停留在以PPT为主的演示型课件的层次，在较大程度上制约了课堂教学的灵活设计，单纯以讲授式教学为主的课堂局面依然没有得到明显改善。在信息时代，随着多媒体开发技术的发展，多媒体教学课件的类型变得丰富多样，为优化小学课堂教学和转变小学生学习方式提供了新契机。请您从小学教学应用的角度思考：

1. 教学课件有哪些类型？

2. 教学课件如何设计？

3. 教学课件有哪些应用？

随着计算机多媒体技术的兴起及在课堂教学中的普及应用，基于课件的教学，已成为小学课堂教学最基本的实践方式。小学生的认知发展以形象思维为主，在教学中需要大量感性材料的支持，以帮助他们更好地从形象思维发展到抽象思维。教学课件能够利用多种媒体直观地呈现教学内容，为小学生提供多种感官刺激，有利于激发小学生的学习兴趣，激活小学生的思维联结，提高课堂教学效率。

第一节 教学课件的概念与特点

教学课件作为一种应用最广泛的数字教育资源，具有多种教学功能：创设情境，激发兴趣；展示内容，加强理解；支持探究，促进建构。那么，如何理解教学课件？

一、教学课件的概念

教学课件是指根据教学需要，在一定的学习理论指导下，经过教学设计，以多种媒体表现，具有良好的结构，满足某一单元或知识点教与学需要的一种数字教育资源。

下面是小学六年级科学课"植物的生命系统"的教学课件。该课件是针对植物营养和器官、吸收和运输水、光合作用、繁殖等相关知识点教学而开发的。课件包括探索新知、实战演练、拓展资源和轻松一刻四个模块（见图5-1），每个模块根据教学需要又细分为若干个子模块。在探索新知模块，为了帮助小学生理解植物的器官，课件以可拖拽的配对方式提供学习体验（见图5-2），并以图文方式辅助介绍（见图5-3）。为了辅助教师讲解水在植物中的吸收和运输过程，课件采用了动画和视频的方式（见图5-4、图5-5），将学生难以理解的动态过程直观、形象地呈现出来。

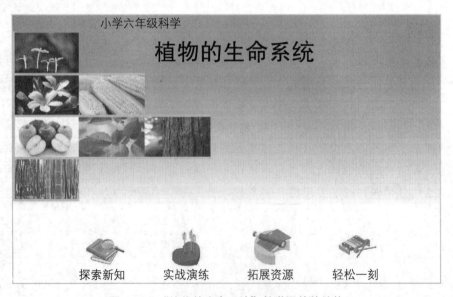

图5-1 "植物的生命系统"教学课件的结构

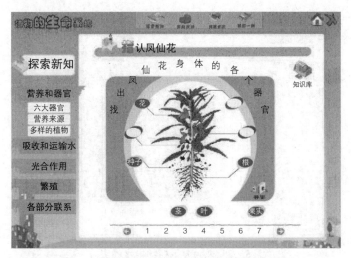

图 5-2　学生拖拽按钮，完成植物器官的配对

图 5-3　图文呈现植物器官，增强学生感知

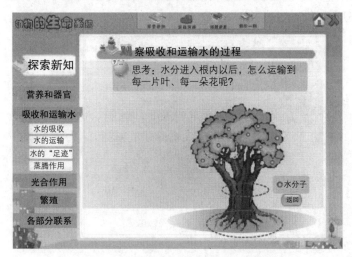

图 5-4　动画演示植物中水的"足迹"

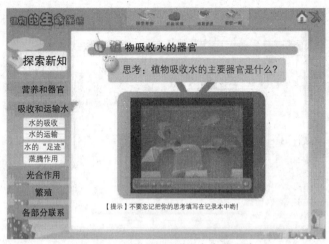

图 5-5   视频演示植物中水的吸收

二、教学课件的特点

表现力丰富、交互性良好和超链性强大是教学课件的三大特点。

（一）表现力丰富

表现力丰富是指教学课件以图、文、声、像并茂的媒体信息可视化地表达知识点内容，不仅可实现对宏观或微观事物的直观模拟，而且可实现对复杂过程的简化再现，以增强内容的生动性、直观性和形象性。

（二）交互性良好

交互性良好使得教学课件不只是作为展示知识内容的资源供教师课堂教学演示，也是作为可自主操作控制的资源供学生自主学习。例如，上述介绍的"植物的生命系统"多媒体课件，为了帮助小学生掌握植物的花、根、茎、叶、种子、果实六大器官，课件以认识凤仙花为例，设置让学生以操作性交互方式认识植物的器官，加深学生对知识的识记和理解。为了巩固小学生所学的知识，课件还设计了相应的交互式练习和小游戏，并根据学生的作答情况给予及时反馈（见图 5-6、图 5-7）。

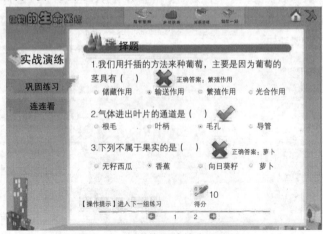

图 5-6   多媒体课件的交互式练习

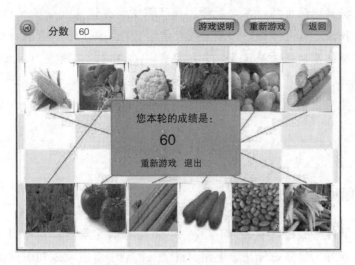

图 5 - 7　多媒体课件的小游戏

（三）超链性强大

超链性强大是指教学课件通过超文本链接方式组织知识内容，使其更符合人类非线性的思维方式和认知规律，以便为学生提供不同的学习路径和学习内容。

第二节　教学课件的类型

根据教学课件内容和功能的不同，教学课件的类型也多种多样，包括配合教师知识讲解的课堂教学型、满足学生自定步调的自主学习型、给学生提供近乎真实体验操作的模拟实验型，以及以查找各种类型资源为主的资料工具型。

一、课堂教学型

课堂教学型的课件一般是为了解决教学的重点、难点而开发的，主要用于辅助教师课堂演示教学。它强调按照教师的教学思路和教学流程，以多种媒体的形式简洁明了地呈现教学内容。

随着互动型课件开发工具（如希沃白板 5）的兴起，其强大的"学科工具""游戏活动""互动功能"等，大大增强了演示型多媒体课件的互动性，激发了学生的参与感与体验感。目前，这种互动型课件已成为多媒体课堂教学、智慧课堂教学的主要教学资源。

▶ 资料链接

希沃白板 5

希沃白板 5 是一款由希沃自主研发，专为老师打造的互动式多媒体教学平台。针对信息化教学场景，提供课件制作、互动授课、在线课堂、微课录制等多项功能，满足线上、线下教学的多个场景，让老师能一站式完成教学环节的主要流程。希沃白板5提供丰富的文本、图形、多媒体及动画效果设置，包括拼音与古诗词、几何图形、数学公式与函数、化学方程式、星球、乐器等多学科内容的展示与互动教学工具，让备授课更加便捷高效。"希沃白板·课件库"的网址为 https：//k. seewo. com/courseroom/courseware-official/index。

二、自主学习型

自主学习型课件一般是以学生为中心，为支持学生自主学习而开发的。它具有完整的知识结构和设计友好的界面，能让学生在人机交互活动中自主完成知识建构。它还包括学习反馈与学习评价，可适时检测学生的学习效果。通常，这种类型的课件还能按照学生的个性特点和需要，从不同的视角、不同的情境来呈现知识内容和学习路径。

"绘画学堂"是围绕小学信息技术"Windows画图软件"这一知识而开发的自主学习型课件。首先，学生完成学习风格测试，了解自己的学习风格偏好，如视觉型、听觉型、运动知觉型。根据测试结果，课件将为学生推荐不同的学习方式，以符合学生的学习特征，更好地支持学生学习（见图5-8）。该课件提供了图文学习、视频讲解、自主探索三种学习方式，每种学习方式呈现的内容相同，但是表征方式却不相同，满足学生的学习风格偏好。课件还提供了丰富多样的拓展资源供学生浏览学习，给出了单项任务和综合任务供学生自主设计，如果学生遇到问题，还可以求助"小妙招"获取操作提示（见图5-9）。

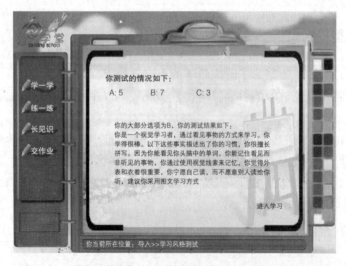

图5-8 "绘画学堂"自主学习型课件示例（学习风格测试）

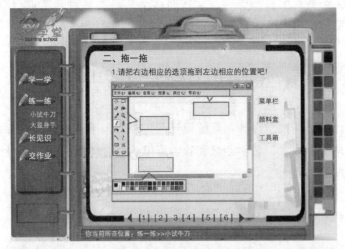

图 5-9 "绘画学堂"自主学习型课件示例（任务设计与操作提示）

三、模拟实验型

模拟实验型课件是借助计算机仿真技术，再现近乎真实的实验场景，并提供可更改的参数项，真实模拟对象的状态和特征。像小学科学、数学教学中常常会运用一些模拟实验型课件，支持学生探究知识原理。由于这种类型的课件开发技术复杂，且当前可供师生自由选择、免费使用的虚拟实验不断涌现，所以这种类型的课件正逐渐被虚拟实验所取代。本书在第七章"虚拟实验的应用"中将详细介绍。

四、资料工具型

资料工具型课件主要是给学生提供相关的学习资料和工具，供其课外进行资料查找时使用，一般不体现具体的教学过程和学习过程，相当于一个小型的资源库。例如，"十万个为什么"就是一个资料工具型课件，它按照多个学科类目对问题进行形象直观的讲解，学生还可以借助关键词索引的方式查找自己感兴趣的问题。

<h2 style="text-align:center">第三节　教学课件的设计</h2>

教学课件设计需要从教学设计和系统设计两大环节入手。教学设计保证了课件的教学性与科学性，它是教学理念、教学创意和教学思维的综合体现。系统设计是对教学设计的实现，为课件开发提供蓝图。

一、课件的教学设计

教学课件的教学设计是指运用系统的方法，依据教学目标和教学对象的特征，合理选择和设计教学媒体信息，并在系统中有机地组合，形成有序关联的教学系统结构[①]。主要包括四个基本工作：教学内容与目标的确定、学生特征的分析、教学策略的设计、教学评价的设计。

（一）教学内容与目标的确定

在确定课件的教学内容时，应当重点考虑选择该内容制作成教学课件的必要性，即教学课件为什么能很好地解决该内容的重点和难点。在确定课件的教学内容后，进一步根据学科的特点，将教学内容分解为若干知识点。知识点的呈现顺序应遵循从简单到复杂、由浅入深、从已知到未知、由具体到抽象的认知规律，且知识点之间应有着清晰的逻辑关系，便于帮助学习者在学习过程中建立知识结构。

按照课程标准的要求，应从学科核心素养的角度，思考课件的教学目标，并使用清晰、可评价的方式将教学目标表述出来。包括：阐明学习行为的主体，用行为动词和动宾结构短语表述教学目标，说明达到该目标的条件，对于和目标相关的行为状况有一个判别的标准。例如，小学数学一年级"数的顺序"这一教学课件，教学内容主要为百数表行列之间数的关系、百数表里行列的排列规律。教学目标为：（1）通过填写百数表，清楚地了解100以内数的排列顺序，构建数与数之间的关系，培养学生数感；（2）通过对百数表的观察、分析与探究，准确说出百数表里行列的排列规律，发展学生的推理能力；（3）通过数的定位练习，提高学生积极的情感体验。

（二）学生特征的分析

学生特征分析对小学教学课件的设计尤为重要。具体说来，包括学生的起点能力分析与学生的一般特征分析。学生的起点能力分析，即了解小学生在学习教学内容之前已经具备的知识与技能基础，以及对有关学习内容的认识与态度。学生的一般特征分析，即了解小学生的生理、心理和社会等方面的特点，如：年龄、性别、学习动机、生活经验等。它

① 谢幼如，尹睿．网络教学设计与评价［M］．北京：北京师范大学出版社，2018：143．

们虽然与教学内容无关，但是与课件的教学策略设计有着密切联系。例如，"数的顺序"课件①的教学对象是小学一年级学生，他们活泼、好动、好奇心强、以形象思维为主、善于尝试，因此，教师采用复习旧知的策略，比如设置"我是小画家"这一趣味横生的场景，引导学生通过为小刺猬连线，回顾 100 以内数的顺序（见图 5-10）。

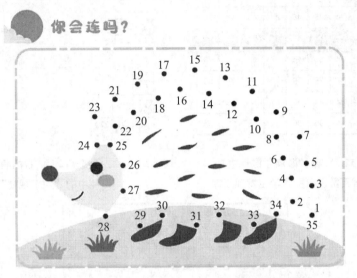

图 5-10 "数的顺序"课件中"我是小画家"的场景

（三）教学策略的设计

教学策略是对完成特定的教学目标而采用的教学活动的程序、方法、形式和媒体等因素的总体考虑。课件的教学策略设计就是依据教学内容和学生特征，综合考虑多媒体信息的呈现方式、教学活动的顺序安排等。低年级小学生的思维以具体形象为主，且注意力正逐步由无意注意开始向有意注意发展，但还没有完全摆脱无意注意。在教学课件的策略设计上，应以直观形象和灵活生动的策略为主，以唤醒小学生的有意注意，帮助并促进小学生由无意注意向有意注意迁移。中高年级小学生的思维逐步向抽象逻辑发展，在教学课件的策略设计上，可以采用抽象演绎和探究操作为主的策略，以促进小学生的逻辑推理。例如，"数的顺序"课件在情境导入部分，采用复习旧知的策略，以帮助学生激活已有的知识储备，为新知识学习奠定基础；在新知讲解部分，采用直观教学策略，通过直观呈现百数表（见图 5-11），引导学生观察百数表行、列中数的变化，发现数的排列变化规律，构建数与数的关系。在巩固练习部分，采用游戏竞争策略，通过难度不断升级的进阶游戏（见图 5-12 和图 5-13），使学生在玩中练，在比拼中巩固知识，加深学生对所学习知识的理解。

---

① 该案例整理自王丽老师"数的认识"的说课，见：https://study.seewoedu.cn/tCourse/group/af8c8cd7c086443ba304edb21ebd0f56/course/faafd3c170ab48ad97aaaed8ea51c694? channel=).

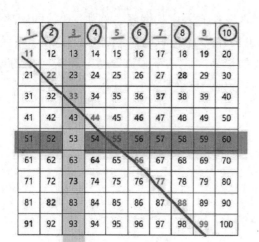

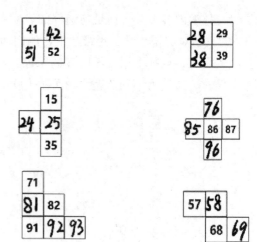

图 5-11　"数的顺序"课件中，直观呈现百数表，引导学生发现规律

图 5-12　"数的顺序"课件中的"数字视窗"游戏

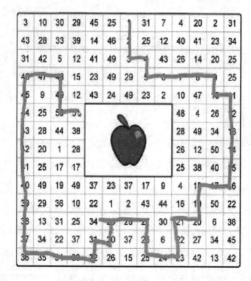

图 5-13　"数的顺序"课件中的"数字迷宫"游戏

（四）教学评价的设计

在教学课件中，通过形成性练习、情境作业、任务训练等评价方式检测学生对教学重难点的掌握程度。及时的反馈，可以帮助学生在评价中发现自己的不足及努力改进的方向。"数的顺序"课件中，设置了数字城堡、数字视窗、数字巴士、数字迷宫四个进阶游戏练习，检测学生对百数表行列的排列规律以及行中的数与列中的数之间的关系的掌握情况。

二、课件的系统设计

教学课件的系统设计就是确定课件的技术表现形式，主要包括：结构设计与交互设计。

（一）结构设计

教学课件的结构是指课件各部分的教学内容的相互关系及呈现形式。它不仅反映了教学内容的知识结构，而且体现了教学活动的过程结构。层次分明的结构设计，有助于学生更好地完成知识建构，内化形成清晰的知识结构。

由于课堂教学型课件主要用于辅助教师课堂教学演示与互动，所以其结构基本为顺序结构，体现知识点之间层层递进的线性关系，以及由浅及深的过程组织。图 5 - 14 为"数的顺序"课件结构。

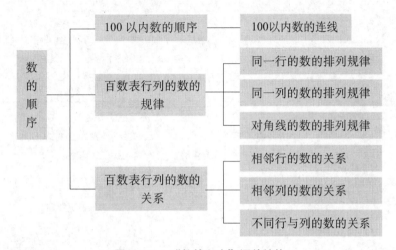

图 5 - 14 "数的顺序"课件结构

至于自主学习型课件，由于它多数用于支持学生自主学习，所以其结构多为网络结构，体现知识点之间非线性、多层次的逻辑关系，允许学生根据自己的学习需要，自主选择学习内容，随机进入学习。图 5 - 15 为"绘画学堂"课件结构，学生可以根据自己的学习风格、喜好，选择不同的内容呈现形式进行学习。

（二）交互设计

现代教学观和学习观认为，教学过程的核心是互动，学习是学生在已有知识和经验的基础上，通过与教学过程中的各种要素进行交互，主动建构学习内容意义的过程和结果[1]。这种交互包括学生与教师、学生与学生，以及学生与各种物化的资源之间的相互作用。然而，在传统多媒体课堂教学中，教学课件基本以演示为主，很少被教师当作临场发挥的认知工具，学生也只是课件的观看者，很少有机会能与课件发生交互。随着交互式课件的兴起，手写、聚光灯、放大镜、链接、拖拽等交互功能可轻松实现，为课堂教学中教师与课件的交互、学生与课件的交互提供了新的可能，使课件成为教学生成的工具，而非内容呈现的静态工具。丰富多样的课件交互设计，有利于调动学生的学习兴趣，增强学生的学习参与。其实，这也是现代信息技术与小学教学融合的一种表现。

---

① 刘雍潜，李龙，谢百治．信息技术环境对"学与教"方式的支持［J］．中国电化教育，2010（11）：17 - 21．

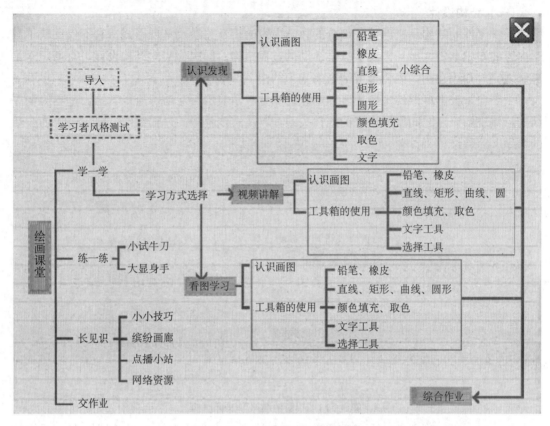

图 5-15 "绘画学堂"课件结构

第四节 教学课件的应用方法

教学课件作为一种常见的数字教育资源，因其图文声像并茂的特点在小学教育中已经得到了广泛应用。由于教学课件有着不同类型，其应用方法也不尽相同。

一、课堂教学型课件的应用

由于课堂教学型课件用于辅助教师的课堂教学，所以，其应用主要按照教师的教学思路和教学流程进行。从课型的角度看，课堂教学型课件有着不同的应用。

（一）课堂教学型课件在新授课中的应用

1. 基于课堂教学型课件的新授课教学环节

新授课是以新知识学习为主的一种课型。一般来说，基于课件的新授课教学由四个环节构成（见图 5-16）。

（1）情境导入，引入新知：结合学生已有的经验，创设多样化的教学情境，引入新的知识。

70

（2）多元交互，新知习得：按照知识内在的逻辑，利用课件强大的互动功能，以教师讲授、师问生答、生机交互、师机交互等方式，引导学生建构新知识。

（3）知识拓展，应用延伸：呈现与新知识相关的拓展性材料，帮助学生感知知识运用的情境，加深对新知识的理解。

（4）练习检测，评价反馈：呈现交互习题，即时检测学习效果，促进教学评价与反馈。

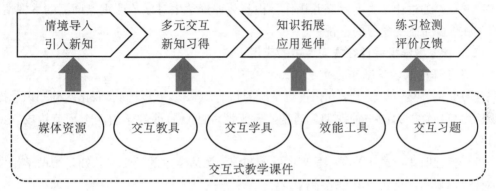

图 5-16 基于课件的新授课教学环节

根据不同课目的性质与不同教学内容的需要，课件在"情境导入，引入新知""多元交互，新知习得""知识拓展，应用延伸""练习检测，评价反馈"四个环节中的应用灵活多样。

2. 基于课堂教学型课件的新授课教学案例

案例选自小学英语三年级"Unit 2 Colours"一课①，其教学目标包括三个方面：（1）知识目标。能够听、说、读、认有关颜色的词，如 red、yellow、green 等。（2）能力目标。能够理解并运用句型：What colour can you see? 并做出正确回答：I can see ____
____。（3）情感目标。能够灵活运用所学单词和句型进行表达，提高英语学习的兴趣。该案例的具体教学过程为：

在"情境导入，引入新知"环节，教师利用希沃白板课件创设"魔术师变魔术"的情境，提出问题"What colour can you see?"，引入新课。学生边看魔术情境中变化的动画，边思考画面呈现的颜色。课件呈现的直观形象的情境，既有趣味性，又能吸引学生的注意力，加深学生的印象。

在"多元交互，新知习得"环节，首先教师利用希沃白板课件创设"小小实验室"的情境，演示操作颜色叠加产生新颜色的效果，引导学生准确说出 red、purple、orange、blue、green 等颜色词汇；然后教师利用希沃白板的蒙层功能，在课件中逐层擦出彩虹颜色，营造出有趣轻松的师生会话氛围，与学生进行对话训练，"What colour can you see?"

---

① 该案例整理自武铁砚老师"Unit 2 Colours"的说课，见：https：//study. seewoedu. cn/tCourse/group/a122ca8a56a749e8a893f2bd74c3608e/course/5bb08fa0d72b4de8934b9ab480dd0b5b? group ＝ a122ca8a56a749e8a893f74c3608e&·channel＝pc_searchResult).

"I can see _____"。此外，教师设计生生会话的活动，一位学生利用希沃白板的触发动画功能，点击课件中卡通人物的衣服，并提出问题，另一位学生观察衣服颜色，并回答问题，以此反复训练学生对该节课重点句型的掌握。

在"知识拓展，应用延伸"环节，教师在课件中展示大自然四季的颜色变化，引导学生灵活运用词汇与句型进行表达，提高语言的实际运用能力。

在"练习检测，评价反馈"环节，教师利用希沃白板设计"栽花"游戏和"为毛毛虫穿衣"游戏，通过让学生上台交互操作，检测与评价学生对该节课重点词汇的掌握情况，让学生在体验中感受学习的喜悦。

（二）课堂教学型课件在复习课中的应用

1. 基于课堂教学型课件的复习课教学环节

复习课是对某一阶段所学知识进行系统的归纳、整理，以巩固、深化基础知识，提高知识运用与迁移能力的一种课型。通常，基于课件的复习课教学由四个环节构成（见图5-17）：

（1）梳理旧知，建立关联：呈现已学的知识，激活学生的记忆与认知，帮助学生发现和弥补知识缺漏，建立知识网络结构。

（2）习题讲解，理解应用：呈现典型习题，向学生示范解题思路和方法，加深学生对已有知识的理解。

（3）错题分析，深化认知：呈现易错点，引导学生深度思考，提高复习效果。

（4）练习强化，巩固知识：教师根据需要，呈现难度层次不同的练习或者趣味游戏，强化学生对知识的综合运用。

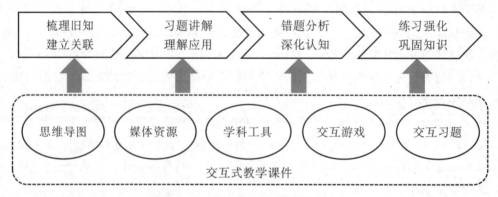

图5-17　基于课件的复习课教学环节

2. 基于课堂教学型课件的复习课教学案例

案例选自小学数学五年级"因数与倍数"一课①，其教学目标包括三个方面：（1）知识目标。能熟练说出因数与倍数、质数与合数的概念，辨析和理解有关概念的联系和区

---

① 该案例整理自胡甦莉老师"因数与倍数复习课"的说课，见：https://study.seewoedu.cn/tCourse/group/81098d0f9287414fba1f5fdb5006996a/course/04cd230f27784f4ab0050081342497da? group＝81098d0f9287414fba1f5fdb5006996a&channel＝pc_searchResult).

别；能解释 2、3、5 倍数的特征，掌握求因数、倍数、最大公因数、最小公倍数的方法。
(2) 能力目标。通过独立思考，学生经历主动建构知识体系的过程，提高分析、推理、归纳、总结的能力。(3) 情感目标。通过亲身参与探索实践活动，学生获得积极的成功的情感体验，初步养成乐于思考、勇于质疑、言必有据的良好品质。该案例的具体教学过程为：

在"梳理旧知，建立关联"环节，教师利用希沃白板的概念图功能，呈现"因数与倍数"单元知识结构图（见图 5-18），引导学生建立该单元的知识网络。紧接着依次呈现因数、倍数、质数、合数的概念以及 2、3、5 的倍数特征，帮助学生厘清基础知识。

在"习题讲解，理解应用"环节，教师呈现多样化的基础练习，帮助学生多角度运用先前回顾的知识分析题目，讲解解题思路。

在"错题分析，深化认知"环节，教师向学生展示易错点（见图 5-19），引发学生思考错误原因，并给予正确解析，加深学生对所学知识的理解。

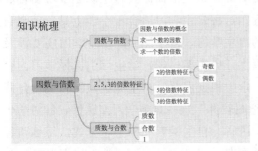

图 5-18 "因数与倍数"单元知识结构图

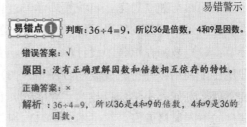

图 5-19 易错点解析

在"练习强化，巩固知识"环节，教师利用希沃白板设计有趣的闯关游戏，让学生上台交互操作，即时检测学生对该单元复习知识的掌握。

二、自主学习型课件的应用

随着以学生为中心的理念的盛行，基于课件的自主学习也得到一定的应用。自主学习是指学习者通过自定学习目标，选择学习材料和任务，计划学习进度，完成自我监控和评价学习进度，对学习的整个过程主动做出调节与控制的一种学习方式。自主学习并不意味着"放羊式"学习，也不等同于"完全式"自学。按照学习者的认知发展水平、学习任务难易程度、学习过程复杂程度，自主学习有着不同的形式，基于课件的自主学习也有着不同应用。

（一）课件在指导型自主学习中的应用

在指导型自主学习中，学生的自主度是最低的。教师需要确定教学目标与内容，制订学习策略，选择学习环境与工具，主导学习过程，提供学习反馈，给予学生指导、启发和监督。学生自我约束、调整和规范自己的学习行为，积极主动地对教师所传授知识进行选择、理解、整合和内化，完成学习过程。这种自主学习适合于小学生自主能力较弱且有待提高的情况。针对这种类型的自主学习，基于课件的自主学习主要涉及如下环节：(1) 教师利用课件创设情境，引入新课；(2) 教师利用课件呈现内容，讲解教学重难点；(3) 教师提出学习要求，学生自主浏览课件资源；（4）教师提出问题，学生主动思考讨论；（5）教师在课件中呈现练习题，学生自主完成习题；（6）教师引导学生总结和反思。

（二）课件在引导型自主学习中的应用

在引导型自主学习中，学生的自主度处于中等。教师事先设计相关的导学策略并进行问题情境创设，提供相应材料帮助学生理解学习任务，引导学生明确学习目标、制订学习计划，选用恰当的学习方法和策略，通过自主解决问题完成学习。这种自主学习适合于小学生自主学习能力较强且具有选择、辨别和整合的思维能力的情况。针对这种类型的自主学习，基于课件的自主学习主要涉及如下环节：（1）教师利用课件创设情境，引出问题；（2）学生利用课件进行问题探究，自主建构知识；（3）学生利用课件自主完成在线测试，及时评价反馈；（4）学生自主浏览课件拓展资源，知识迁移应用。

（三）课件在发现型自主学习中的应用

在发现型自主学习中，学生的自主度是最高的。学生根据需要自主确立学习目标、内容，主动探索与独立思考，自我管理学习过程。这种自主学习适合于小学生具备较强自主能力和较高思维能力的情况。针对这种类型的自主学习，基于课件的自主学习主要涉及如下环节：（1）教师在课件中设计学习任务，提供任务支架；（2）学生自主选择学习内容和学习路径，利用课件自主完成学习任务；（3）学生根据需要，自主完成检测，实现自我调整和管理。例如，小学信息技术"Windows画图软件"这一自主学习型课件，针对学生感知信息的不同风格偏好，提供图文学习、视频讲解、自主探索三种学习方式，每种路径的学习任务虽然相同，但是给予学生完成任务的支架和路径却不相同。学生根据自己的学习风格，自主选择适合自己的学习方式，按照不同的学习路径，自主完成学习任务。

阅读导航

1. 广东省一流本科课程"小学现代教育技术应用"（中国大学 MOOC 平台）第 4 讲"多媒体课件与自主学习"。

2. 谢幼如，尹睿. 网络教学设计与评价［M］. 北京：北京师范大学出版社，2018.

3. 陈斌，尹睿. 现代教育技术［M］. 北京：北京师范大学出版社，2017.

4. 柯清超，马秀芳. 现代教育技术应用：第 2 版［M］. 北京：高等教育出版社，2020.

思考与作业

1. 什么是教学课件？

2. 教学课件的特点有哪些？

3. 教学课件的类型有哪些？请举例说明。

4. 请登录"希沃白板·课件库"（https://k. seewo. com/courseroom/courseware-of-

ficial/index)，搜索自己感兴趣的一个小学教学课件，从教学设计与系统设计两个方面对其进行详细分析。

5. 请登录"基础教育精品课"平台（https：//jpk. eduyun. cn/portal/html/jpk/1. html），在"课程样例"模块中，任意选择并观摩一节小学精品课，从教学应用的角度对其应用过程进行分析。

6. 挑战性作业：设计实践题。

（1）自选小学教材中的某一个内容，从教学设计与系统设计两个方面入手，设计一个课堂教学型课件，填写一份教学课件设计方案。

课件名称	
使用对象	
教学内容	（描述课件内容来自的教材、单元，及其涵盖的知识点）
教学目标	（参考《义务教育课程标准（2022年版）》，描述课件要达到的教学目标要求）
学习者特征	（描述使用对象的起点能力和认知特点、学习动机等一般特征）
教学策略	（描述课件中多媒体信息的呈现与组织方式）
教学评价	（描述课件中的教学评价方法）
课件结构	（用结构图的方式描述课件的教学内容结构）

（2）基于上述课堂教学型课件的设计，用相关的课件开发工具加以技术实现。

可参考的课件开发工具：希沃白板5的下载地址为 https：//study. seewoedu. cn/software；101教育PPT下载地址为 https：//ppt. 101. com/。

（3）从教学应用的角度，设计一节基于课堂教学型课件的教学，填写一份教学设计方案。

授课内容		所属学科	
授课课时		授课对象	

一、教学内容分析

二、学情分析

三、教学目标设计

四、教学课件的设计

五、教学活动设计

教学环节	教师活动	学生活动	教学课件使用

六、教学评价的设计

学习反思

根据本章的学习情况，请您利用 P-M-I-Q 反思框架进行自我反思，并做好记录。

反思框架			
P（plus） 我已经学懂的内容	M（minus） 我尚未学懂的内容	I（interesting） 我感兴趣的内容	Q（question） 我感到疑惑的问题
1. 2. 3.	1. 2. 3.	1. 2. 3.	1. 2. 3.

第六章

微课的应用

学习目标

1. 能准确描述微课的概念与特点；
2. 能举例说明微课的类型；
3. 能掌握微课的设计；
4. 能清晰阐述翻转课堂的内涵；
5. 能掌握基于微课的翻转课堂应用方法；
6. 在案例分析、问题讨论、方案设计的活动中，体会微课对创新小学课堂教学的重要作用，建立应用微课创新小学课堂教学的设计思维，增强信息技术与小学教学融合的主动意识。

问题导入

在这个信息爆炸的时代，"微浪潮"凭借满足时间碎片化、传播速度快等优势，以迅雷不及掩耳之势席卷各个领域，微营销、微博、微小说、微电影等一系列"微样式"，如雨后春笋般涌现。在这其中，作为一种全新的数字教育资源形式，微课因其"短小精悍"的鲜明特点，给人焕然一新的感觉，加之技术工具日新月异，使得微课的开发越来越多样化、人性化、平民化、高效化，从呈现形式到内容设计要求都顺应了学习者个性化的学习需求，得到教育界的极大关注，掀起了一股"微课热"。与此同时，"微课""微课程""微视频"等概念不断涌现，使得教师在应用微课进行教学时容易产生"乱花渐欲迷人眼"之感。请您从小学教学应用的角度思考：

1. 什么是微课？
2. 微课有哪些类型？
3. 微课应如何设计？
4. 微课有哪些应用？

近年来，随着移动技术、视频压缩与传输技术、网络带宽与速度、视频分享网站等的进步和普及应用，以视频为主要介质的微课常态化应用成为可能。同时，以"学生为中心"的理念与移动学习、泛在学习、翻转课堂等创新学习方式相结合，为微课的广泛传播提供了教育应用的土壤①。

第一节　微课的概念与特点

近年来，在我国小学教育领域中兴起的微课与美国北艾奥瓦大学（University of Northern Iowa）化学教授勒罗伊·A. 麦格鲁（McGrew，LeRoy A.）提出的"60 秒课程"（60-second course），以及美国新墨西哥州圣胡安学院（San Juan College）的高级教学设计师、学院在线服务经理戴维·彭罗斯（Penrose，David）首创的"一分钟微视频课堂"（one minute leture）异曲同工。尽管国外对微课没有明确的界定，但是其微小便捷、短时高效的教学特点受到广大教师的关注。那么，如何理解微课？

一、微课的概念

对于微课的概念，众说纷纭，不同的人从不同的视角给出不同的定义，主要有课程说、教学活动说、教学资源说。

（一）课程说

课程说，即认为微课是基于学科知识点而构建、生成的新型网络课程资源。微课以"微视频"为核心，包含与教学相配套的"微教案""微练习""微课件""微反思""微点评"等支持性和扩展性资源，从而形成一个半结构化、网页化、开放性、情景化的资源动态与交互教学应用环境②。课程是指学校为实现培养目标而选择的教育内容及其进程的总和。它包括课程计划、课程标准、教材（教科书、教学参考书、学程等）、课程资源（练习册、教案、讲义、媒体材料等）。由此可见，课程说将微课视为一种微"课程"，把与其相匹配的"微教案""微练习""微课件"等课程要素加以统整界定。

（二）教学活动说

教学活动说，即认为微课是为使学习者自主学习获得最佳效果，经过精心的信息化教学设计，以流媒体形式展示的围绕某个知识点或教学环节开展的简短、完整的教学活动③。教学活动是教师的教与学生的学相统一的过程，其实质是交往。这意味着，教学活动说将微课看成是以流媒体形式呈现的一个教师与学生相互交往的过程。

（三）教学资源说

教学资源说，即认为微课是以阐释某一知识点为目标，以短小精悍的在线视频为表现

① 苏小兵，管珏琪，钱冬明，等. 微课概念辨析及其教学应用研究 [J]. 中国电化教育，2014 (7)：94 - 99.
② 胡铁生，黄明燕，李明. 我国微课发展的三个阶段及其启示 [J]. 远程教育杂志，2013 (4)：36 - 42.
③ 张一春. 精品微课设计与开发 [M]. 北京：高等教育出版社，2016：23.

形式，以学习或教学应用为目的的在线教学视频①。教学资源说，是将微课看成是一个支持学习或教学应用的在线教学视频，属于数字教育资源范畴。在本教材中，我们采纳的是"教学资源"视角对微课的界定。微课作为一种数字教育资源，有其独特性。尽管时间短、内容少，但是它有着明确的教学目标，反映着教师如何借助视频的形式呈现内容教学的完整过程。在这个意义上，"微"是微课的外在表现，"课"是其本质内涵。

二、微课的特点

众所周知，微课具有短、小、精、悍的特点。在小学教育领域，微课的这四个特点更是有着鲜明表现。

（一）短

微课的"短"，指的是时间短，0～5分钟最佳，最长不宜超过20分钟。应用于小学教学的微课，在"短"这一特点上表现得更为明显。小学生注意的稳定性较差，表现在集中于某一事物或活动上的时间较短。一般来说，0～7岁儿童可连续集中注意力约20分钟，2～10岁儿童约25分钟，12岁以上儿童约30分钟。要想吸引小学生的注意力，微课的时间最好控制在小学生注意力集中的时间范围之内，这样效果会更佳。

（二）小

微课的"小"，有两层含义：一是指内容微小，一般以某个具体的知识点为宜，而不是抽象、宽泛的面。根据中国微课大赛评审标准，微课的内容主要是针对知识点、例题/习题、实验活动等环节进行讲授、演算、分析、推理、答疑的教学选题。二是指容量小，不仅适合于网络传输和在线播放，而且方便下载保存到终端设备，满足学生泛在学习的需要。

（三）精

微课的"精"，指精心且精良的设计。微课的本质内涵也是"课"，需要重点突出，过程鲜明，也需要教师进行精心的设计。此外，根据小学生的注意力规律，低年段儿童对一些具体的、活动的以及操作性的事物比较感兴趣，注意力容易集中；高年段儿童对一些抽象的概念、原理以及方法的注意力会相应提高。因此，为了保持小学生在短时间内的注意力，教师更需要精良的设计，以符合小学生的认知规律。

（四）悍

微课的"悍"，指质量好，效果好，影响力大，应用面广，包括设计理念好、内容组织好、呈现形式好。好的微课应该在较短的时间达成教学目标，让更多的学习者喜欢。由于微课是以学习或教学应用为目的，质量好的微课，至关重要，不仅有利于提高学习效率，还有利于提高课堂教学效率。

---

① 焦建利．微课及其应用与影响［J］．中小学信息技术教育，2013（4）：13-14.

第二节　微课的类型

从不同的角度微课可分为不同类型。根据教学用途的不同，微课可以分为新知讲授型、习题讲解型、操作演示型、复习总结型四种类型。

一、新知讲授型

新知讲授型微课以学科知识点，尤其是重点和难点知识的讲授为主。讲授的形式灵活多样。例如，在小学英语"How to give the direction"微课中，教学重点是准确表达方位词，教学难点是根据地图正确指路。在这个微课中，教师通过创设"小黄人来广州游览，如何做一个合格的志愿者给小黄人指路"的情境来讲授知识要点。首先，基于情境引出方位词与短语的英语表达，如 go straight ahead、turn right、turn left、the first crossing 等；然后，重点讲解如何正确摆放地图并用英语清晰地表达方位；最后，呈现限时练习，帮助学生巩固所学知识（见图6-1）。又如，在小学数学"商中间有0的除法"微课中，教学重点是理解商中间有0的除法算法，并能正确进行计算。在这个微课中，教师通过演示计算的方法，一步一步引导学生运用已学的两位数除法的算法推导计算商中间有0的除法。

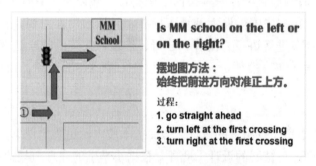

图6-1　根据地图正确指路

二、习题讲解型

习题讲解型微课针对某个典型的例题、习题、试题进行讲解分析，重在解题思路的剖析与推理演算的过程。例如，在小学数学"计数问题"微课中，教师围绕小学数学常见的"计数问题"这一类习题展开讲解。在这个微课中，教师引入"找基本线段"的解题思路，剖析、演算包含多个端点的线段数，进而推导该类数学问题的通用解法（见图6-2）。解题过程清晰有序，启发学生思考分析。

除首尾两端点外不含其他端点的线段叫基本线段

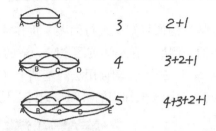

一条线段上有 n 个端点，则共有 $(n-1)+(n-2)+\cdots+2+1$ 条线段

图 6-2　呈现解题思路与演算过程

三、操作演示型

操作演示型微课主要针对科学课目中某些典型实验进行设计、操作与演示，分析实验现象，揭示实验原理。例如，在小学科学"杠杆认识"微课中，教师通过演示如何让杠杆尺平衡的实验（见图 6-3），引导学生观察杠杆尺两端的钩码数及杠杆尺两端到支点的距离，揭示省力杠杆、费力杠杆以及既不省力也不费力杠杆的原理。操作演示型微课还可以针对信息技术课目中某些实用工具的使用进行操作与演示，以示范工具的使用步骤。

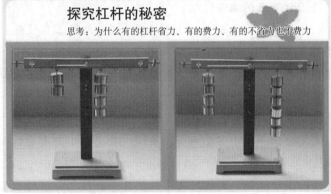

图 6-3　演示杠杆平衡实验

四、复习总结型

复习总结型微课是针对已经学过的课目知识进行回顾，重在梳理知识点之间的关系，达到对巩固知识与深化记忆的目的。例如，在小学英语"Mr. Be 的分身术"微课中，教师通过朗朗上口的口诀梳理 am、are、is 三个 be 动词用法的基础上（见图 6-4），通过分层习题讲解方式，帮助学生加深对 be 动词相关知识的巩固与记忆（见图 6-5）。

图 6-4　总结 be 动词的用法

图 6-5　呈现习题加强训练

思考·讨论

　　观看小学科学"空气占据空间吗？"微课，从制作方式与教学用途两个方面分析该微课的类型，并与其他学习伙伴进行交流，说一说你判断的理由。

　　微课网址：http://dasai.cnweike.cn/detail/126565.html.

▌资料链接

微课的类型

按照制作方式的不同，微课可以分为摄制式、录屏式、动画式、手绘式、贴图式以及混合式六种类型。

摄制式微课是通过摄像机、智能手机、网络摄像头等外部设备，将教师及讲解内容、学习过程等真实情境摄制下来的教学视频。

录屏式微课是利用录屏软件录制通过 PPT、Word、画图工具软件、手写板输入软件等形式呈现的内容的教学视频，或者通过交互电子白板、一体机等数字媒体的录制功能，录制讲解内容与过程的教学视频。这种微课制作技术的门槛不高，且对制作环境的要求也不高。可汗学院的系列微课就是这种类型。

动画式微课是以动画形式生动、形象、直观地呈现内容的教学视频。这类微课的呈现效果最具吸引力，尤其对低年段小学生而言。不过，要想做出高质量的动画式微课，需要教师精通动画制作技术。

手绘式微课是借助手绘软件，通过对文字、图片等以类似板书的手描方式呈现内容的教学视频。这类微课的呈现效果类似板书的形式，使学生具有较强的课堂学习沉浸感。

贴图式微课是用裁剪的手绘图画呈现内容的教学视频。这类微课的呈现效果类似黑板贴图的形式，给人以较强的亲和力。

混合式微课是指应用上述提及的多种制作方式来编辑、合成的教学视频。这种方式制作的微课表现力较为丰富，但是耗时较长，需要教师掌握且能灵活运用多种制作技术。

可汗学院的微课网址：https：//www.khanacademy.org/.

第三节 微课的设计

教学设计是微课设计的关键环节。在教学实践中发现，现有的微课设计过于关注形式设计，如强调视频声音和画面的精美等，而对微课的内容选题、组织方式、教学策略等设计重视不够[①]。而微课的质量如何，主要取决于对其进行的教学设计。

一、内容选择

内容选择是微课设计的基础性环节。在前面的论述中，我们知道"小"是微课的主要特点。这说明，在微课设计时，内容选择必须遵循最小粒度原则、自包含原则和少即多原则。

（一）最小粒度原则

由于小学生的注意力容易分散，且难以持久，所以微课内容应选择颗粒度小且具体的知识点。通常可以是一个重点、难点、疑点、考点，或是一个例题、习题、错题、难题、问题，也可以是一个概念、公式、原理、定理，还可以是一个实验、操作等。

（二）自包含原则

为了适应小学生非连续的注意状态，微课内容应是自包含的，即一个微课就是一个相对完整的知识组块，便于随时随地学习。

（三）少即多原则

由于微课的时间较短，呈现的知识粒度小，所以，为吸引和控制小学生的持续注意力，应注意内容的实用性和丰富性，不断给予持续的刺激与反馈，避免过多无用、无关的信息。

由于微课是一种以在线视频形式表达的数字教育资源，因此，在选择微课内容时，我们还需要思考一个问题，就是该内容是否适合以在线视频的形式传播？一般而言，对于那些需要借助多媒体信息表达或者反映过程原理的知识，可以考虑设计成微课。只有选择适合视频传播的知识点，才能最大化地发挥微课的优势与价值。这意味着并非所有的知识点都适合设计成微课，也并非所有的知识点都有必要设计成微课。

---

① 胡铁生.微课的内涵理解与教学设计方法［J］.广东教育（综合版），2014（4）：33-35.

二、过程设计

小学微课的设计应以小学生学习为中心，根据小学生的年龄特点、认知特征、经验背景、知识基础等加以设计，满足小学生的学习需求。由于微课是围绕某个具体知识点进行相对完整教学的在线视频，所以，微课设计的关键是过程设计，包括教学顺序、教学策略与互动形式等设计。设计前，应先明确微课类型，根据不同类型的微课特点，有针对性地设计过程。

（一）教学顺序设计

教学顺序，即在微课中，教师切入、讲解、分析、归纳知识内容的过程，这正体现了微课的"课"的本质内涵。为帮助学生更好地学习微课内容，教学顺序的设计应主线清晰、逻辑性强、重点突出。例如，在小学数学"商中间有0的除法"微课中，首先，教师以一首自编歌谣导入，帮助小学生回忆两位数除以一位数的除法算法；接着，教师呈现832除以4的除法竖式，通过演示计算的方式讲解算法，当出现十位上的数字"3"无法除以4时，设置认知冲突，并巧妙引导小学生联想32除以4的算法（见图6-6），顺势讲解商中间有0的除法算法；然后，教师再一次以自编歌谣的方式归纳算法，加深小学生对商中间有0的除法算法的理解；最后，教师呈现两道习题供小学生练习与巩固。

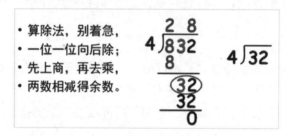

图6-6 "商中间有0的除法"的算法讲解

（二）教学策略设计

教学策略，是指在微课中，为更好地促进学生对知识的理解而采用的教学方法。有效的教学策略，不仅可以帮助小学生建立起新旧知识的联结，推动记忆，进而易于同化与理解新知识；而且可以启发小学生思考，增强知识迁移与应用的灵活性；还可以激发小学生的学习兴趣，提高学习专注度与投入度。例如，在小学英语"My holiday plan"微课中，教师创设"我"与朋友享利去美国旅游的情境，通过When、Who、Where、What、How和Feel五个问题，启发学生思考如何清晰地表述一个旅行计划。整个微课，教师综合采用情境导入和问题引导的策略，帮助小学生梳理以"My holiday plan"为主题的英文写作思路与框架。再如，在小学科学"水滴历险记"微课中，教师采用故事情境的策略，以小水滴从土壤经由根部、茎部到达叶片的历险故事，形象而生动地讲解了根压、毛细现象和蒸腾作用等科学知识，帮助小学生更好地建构知识意义。除了上述提及的情境策略、问题策略、故事策略以外，教师还可以根据微课内容设计案例分析、任务驱动、探究学习等多种策略。

（三）互动形式设计

　　互动形式是指在微课中调动学生主动参与的人机互动形式。主要有三种：一是在微课中嵌入可交互的形成性练习。二是在知识讲解过程中，设置问题或留白，给学生短暂的思考时间。例如，在小学数学"平行四边形面积"微课中，教师在讲解平行四边形面积推导的过程中，设置问题，让学生暂停视频，做出思考（见图6-7）。三是在微课中引入二维码的资源链接，延伸拓展知识内容。例如，在小学信息技术"'脸盲'的救星——解密人脸识别的原理"微课中，教师在解析完人脸识别的概念与原理后，提供 AI 人脸识别程序的二维码，为学生提供体验感知的机会。

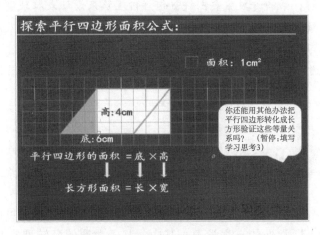

图6-7　设置问题，预留思考时间

三、形式设计

　　形式设计就是如何利用文本、图片、动画、音频、视频等多种媒体素材，按照教学过程可视化组织与编排微课的知识内容，并以适合的呈现方式加以表达。主要包括两个方面：一是媒体的选择。在进行媒体选择时，首先要明确选择和使用什么教学媒体，接着要分析各种媒体类型的特点，并根据知识内容的需要暂定能实现媒体使用目标的各种媒体，尽可能做到科学性、趣味性和形象性相结合。二是呈现方式的选择。教师需要根据知识内容的特点以及小学生的学习偏好，选择合适的呈现方式。最普遍的是 PPT 录屏与配音结合，还可以是手写板录屏与配音结合，还可以是摄像机拍摄教师真人出镜讲授，甚至还可以用动画的方式讲授。我们需要注意的是：呈现方式是为内容服务的，切忌只为了追求新颖的呈现方式而忽视了对过程的精心设计。

▌ 资料链接

理解取向的微课设计

理解是教与学之间的桥梁，教学的本质是促进学生对知识的理解。将理解理念融入微课设计是从学习者的角度出发提升微课设计质量和有效性的方法之一。

基于理解的微课设计，第一阶段主要围绕理解什么来设计启发理解的问题，既通过设计衍生性的子主题聚焦教学中的核心问题，进而确定微课选题，即微课选题要围绕教学中的核心问题、核心知识点或关键技能点等，选题要能启发学习者对教学重难点的认识；第二阶段主要围绕理解到什么程度来设计引领理解的目标，通过分析核心问题，确定主题明确、表达清晰、效果可测的理解性目标，引领整个教学过程；第三阶段主要围绕如何促进理解来设计支持理解的环境和活动，通过创设理解的微课录制软硬件环境，组织探究式的微教学活动，显示理解的行为等，解决教学中的核心问题，完成预设的目标，支持学习者对核心知识点的理解；第四阶段主要围绕如何评价理解来设计表征理解的过程性评价，表征理解的前提是持续性的评估，既通过提供不同层次的变式练习或深层思考的问题对学习者的理解程度和学习效果进行总结测评。

资料来源：陈明选，胡月霞，张红英．理解取向的微课设计分析 [J]．中国电化教育，2017（5）：54-61.

第四节 微课的应用方法

微课作为一种数字教育资源，在小学教学中有着广泛应用，不仅可以用于课堂内的讲授教学，还可以用于课堂外的自主学习。其中，基于微课的翻转课堂是微课应用的主流方式。

一、翻转课堂的内涵

翻转课堂最初是由美国科罗拉多州林地公园高中化学教师亚伦·萨姆斯（Sams, Aaron）和乔纳森·伯格曼（Bergmann, Jonathan）教学时开展的一项课堂改革试验。他们为那些耽误上课的学生录制了在线视频，让学生可以在家里事先观看视频完成新知识的学习，而在课堂上更多地组织答疑解惑、讨论和研究等互动活动。相比于传统课堂而言，这种课堂赋予学生更多的自由，将知识传授的过程放在教室外，给予学生充分的学习时间和自定步调的学习机会，让学生选择最适合自己的方式接受新知识；而将知识内化的过程放在教室内，以便学生之间、学生与教师之间有更多的沟通与交流。它好比将传统课堂教学过程颠倒了，所以称为"翻转课堂"（flipped classroom），其实质是由传统的先教后学转变为技术支持的先学后教。

因此，翻转课堂是一种借助微课技术，课前学生自主观看教学视频，完成预学任务，课中教师诊断预学情况，组织深度讨论的新型教学方式。翻转课堂有着自身规定性，主要表现在如下两个方面：

（一）以"掌握学习"理论为基础

布卢姆的"掌握学习"理论认为，只要提供恰当的材料，同时给予学生充分的学习时间和恰当的帮助，那么几乎所有的学生都能达到规定的目标。翻转课堂强调在课前为学生提供丰富的学习材料并给予学生充分的学习时间，学生可以根据自己的节奏来进行学习，并重视在课堂教学中以师生互动的方式帮助学生建立起"矫正-反馈"，以强化课前的学习。

（二）以学生自主学习能力的发展为目标

在实施翻转课堂时，课前，不同层次学生可以根据自己的学习需求自由控制学习进度和频次；课中，学生在教师引导下运用各种技术进行自组织学习或参与各种活动进行互动学习，充分体现了学生自主学习能力的发展。

二、翻转课堂的"翻"与"转"

从深层意义上看，翻转课堂究竟"翻"了什么？"转"了什么？对这一问题的回答，很大程度上决定了对翻转课堂内涵的深度把握。

（一）翻转课堂的"翻"

翻转课堂的"翻"表现在三个方面：

1. "翻"了教学过程

顾名思义，翻转课堂首先"翻"的是教学过程，即将传统课堂"知识传授"的过程放在教室外由学生自定步调完成，而传统课堂"知识内化"的过程放在教室内由师生、生生讨论交流完成。

2. "翻"了教学目标

从深层意义上说，翻转课堂"翻"了教学目标。根据布卢姆的教学目标体系，认知领域的教学目标由低阶到高阶依次可以分为识记、理解、应用、分析、评价和创造六个层级。在传统教学中，由于有限的课堂时间和统一的教学进度的矛盾，在课堂上基本只能达成识记、理解和应用三个低中阶教学目标，而对于分析、评价和创造三个中高阶教学目标，教师以课后作业的形式让学生独立达成。这恰恰容易出现学生因为知识内化困难以及缺乏教师指导而导致高阶教学目标无法顺利达成的现象。翻转课堂则恰好相反，将教学目标达成场域做了翻转：教师借助微课和其他学习材料，将事实性、概念性的基础知识让学生在课前完成，课堂上则更多的是组织学生进行进阶学习和互动交流，促进知识建构，从而实现深度学习，引导学生达成高阶教学目标。

3. "翻"了教学评价

由于翻转课堂"颠倒"了教与学的顺序，实现了知识传授的提前和知识内化的优化，所以，要做到有效优化知识内化，翻转课堂还"翻"了教学评价。在传统教学中，教学评价通常在课堂教学完成之后进行，目的在于检验学生对课堂所学知识的掌握情况。而翻转课堂通常在课堂教学之前需要开展评价，目的是精准诊断学情，帮助教师了解学生课前利用微课和其他学习材料的预学情况以及存在的问题，以便在课堂教学中有针对性地采用差异化的教学策略进行定向干预，满足学生个性化学习的需要。这样，作为反馈的教学评价发挥出为教师的教学和学生的学习提供指导建议的功能，成为促进学生学习的手段。

(二) 翻转课堂的"转"

翻转课堂的"转"表现在两个方面：

1. "转"了师生角色

在翻转课堂中，教师从知识传授者转变为问题解惑者、思维导引者、活动设计者、过程促学者等多重角色，以便真正关注与更好地了解每一位学生；学生从知识接收者转变为自主学习者、合作学习者、知识建造者、创意沟通者等多重角色，增强多维学习投入，从而促进思维与素养的发展。

2. "转"了学习生态

在翻转课堂中，学生在课前随时随地反复观看微视频或其他教学材料，突破了传统意义上以课堂为主要阵地的学习空间，打破了传统课堂教学的时间域限；在翻转课堂中，学生在课内与教师深度研讨，与同伴开展问题学习、项目学习、案例学习、辩论学习等研创型学习，从而将课堂从知识传递的场所升华为在实践和思辨中领悟知识的创造空间。由此，翻转课堂创生了一个联通泛在学习场所、关注动态交互生成的新学习生态圈。

思考·讨论

请思考在小学教育领域，翻转课堂有哪些适应性表现？对教师与学生带来了哪些挑战？以思维导图的方式列出你的观点，并与其他学习伙伴进行交流。

三、基于微课的翻转课堂

(一) 基于微课的翻转课堂教学环节

翻转课堂主要包括课前知识传授和课内知识内化两大环节。在课前知识传授环节，基于微课的翻转课堂主要由两个子环节构成：（1）微课自学：教师将课前预学内容细化为相互关联、粒度适中的微型学习内容，以5～10分钟的微课加以重构设计，学生自定步调自主学习。（2）学案助学：教师提供以问题表单为呈现方式的学案，帮助学生有针对性地自主学习微课，完成学案问题，达到课前预学的目的。在课内知识内化环节，基于微课的翻转课堂也主要由两个子环节构成：（1）诊断反馈：教师反馈学案完成情况，发现学生预学知识存在的易错点或者薄弱点，精准确定学情，实现"以学定教"。（2）互动促学：教师通过师生问答活动，有针对性地讲解知识，或者通过问题讨论活动，组织学生深度交流，深化学生对知识的理解与建构。

（二）基于微课的翻转课堂教学案例

本案例选自小学数学四年级"三角形内角和"一课，该课共2个课时。其教学目标包括三个方面：（1）知识目标。通过画、量、拼等操作活动，让学生经历探究三角形内角和的过程，掌握三角形内角和是180度这一特性，并能应用这一数学结论解决相关实际问题。（2）能力目标。在应用三角形内角和知识解决相关数学问题的过程中，学生能有条理地表达自己的思考过程，提高分析问题、解决问题的能力。在发现、提出和解决多边形内角和这一问题的过程中，学生能探究三角形内角和方法的迁移与结论的应用，渗透合情推理。（3）情感目标。在运用数学知识和方法解决问题的过程中，认识数学的价值，初步养成乐于思考、勇于质疑、言必有据的良好品质。本案例的具体教学过程为：

1. 微课学习（第1课时）

学生通过"微课＋学案"的方式进行自主探究学习（见图6-8、图6-9）。在基于微课的个人自主学习中，学生从"与三角形特性有关的问题"开始探索，经历已学知识梳理、猜想、操作、验证等过程，逐步推理出"三角形内角和是180度"这一数学结论，并能应用这一结论解决简单的求三角形内角的数学问题。在自主探究、推理三角形内角和的学习过程中，让学生经历从"从特殊三角形中提出猜想"到"动手操作验证得到一般性结论"的数学思考过程，并利用学案记录学习思考过程，在表达中促进学习思考，逐步培养理性思维品质。

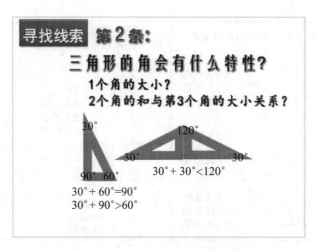

图6-8　"三角形内角和"微课截图

2. 课堂教学（第2课时）

教师通过有意义讲授、小组合作交流、师生对话交流等方式进行教学。首先，教师回顾与反馈第 1 课时的微课学习情况（见图 6 - 10），引导学生初步抽象概括出"特殊→猜想→验证→一般"的数学思考路径，发现学生在微课学习中的困惑问题。接着，教师展示学生在学案中的困惑问题，以答疑的方式进行针对性讲解。然后，教师提出直角三角形、等腰三角形、等边三角形等特殊三角形内角的数学问题，引导学生应用三角形内角和进行解决，提高学生对所学知识的综合应用能力，丰富解题策略，提升分析问题、解决问题的能力。最后，教师进一步提出四边形、六边形及多边形内角和的数学问题，引导学生进行探究方法与结论的迁移，进一步体验"特殊→猜想→验证→一般"的数学思考路径的作用，突出转化的基本数学思想。

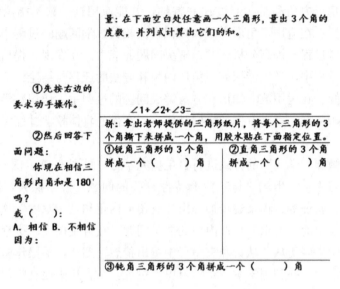

图 6 - 9　"三角形内角和"学案截图

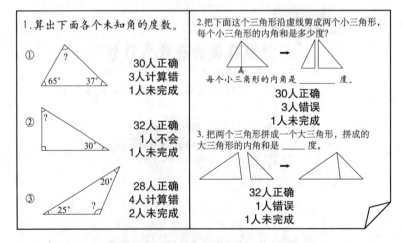

图 6 - 10　"三角形内角和"微课学案答题情况

在基于微课的翻转课堂教学中，为了帮助小学生在微课学习环节中有目的地学习，学案设计是非常必要的。学案是一种以问题形式呈现的一种表单，是教师为学生提供的一种学习支架。它呈现的是学什么和如何学，即在学习过程中需要完成的任务。在"三角形内角和"一课的第1课时，教师设计的学案见表6-1。

表6-1 "三角形内角和"学案

姓名：＿＿＿＿＿＿＿＿ 开始时间：＿＿＿＿＿＿＿ 结束时间：＿＿＿＿＿＿＿

一、学习思考

序号	视频暂停时刻	思考问题	自己的想法	
1	00:37	学习内容会与三角形的**哪一部分**有关？	我认为与三角形的（　　）有关。 因为：	
2	04:15	从特殊三角形的3个角的和是180°，能判定任意一个三角形3个角的和一定是180°吗？	我认为（　　）： A. 一定　B. 不一定 因为：	
3	05:05	①先按右边的要求动手操作。 ②然后回答下面问题： 你现在相信三角形内角和是180°吗？ 我（　　）： A. 相信　B. 不相信 **因为：**	量：在下面空白处任意画一个三角形，量出3个角的度数，并列式计算出它们的和。 ∠1＋∠2＋∠3＝＿＿＿＿＿＿	
			拼：拿出老师提供的三角形纸片，将每个三角形的3个角撕下来拼成一个角，用胶水贴在下面指定位置。	
			①**锐角三角形**的3个角拼成一个（　　）角	②**直角三角形**的3个角拼成一个（　　）角
			③**钝角三角形**的3个角拼成一个（　　）角	
4	07:40	喜欢这样"找线索"学数学吗？	我（　　）"找线索"学数学。 A. 喜欢　B. 不喜欢	
5	08:44	三角形中∠1＝140°，∠3＝25°，求∠2的度数。	列式计算：	

二、自主练习（数学书69页）

1. 算出下面各未知角的度数。

①

_____

②

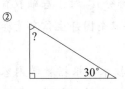

_____

③

20°
25° ？

2. 把下面这个三角形沿虚线剪成两个小三角形，每个小三角形的内角和是多少度？

每个小三角形的内角和是 _____ 度。

3. 把两个三角形拼成一个大三角形，拼成的大三角形的内角和是多少度？

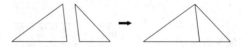

思考·讨论

请在"小学现代教育技术应用"（中国大学 MOOC 平台）第 6 讲"微课与翻转课堂"中，观摩"三角形内角和"课例，思考三个问题：

1. 该课例的教学设计思路是什么？

2. 该课例对你的启发是什么？

3. 基于微课的翻转课堂应用需要注意哪些问题？

将你的观点记录下来，并与其他学习伙伴进行交流讨论。

视频网站：https://www.icourse163.org/course/scnu-205984818.

▌资料链接

全国师生信息素养提升实践活动（教师部分）

为提高教师信息素养，深化课程改革，教育部教育技术与资源发展中心（中央电化教育馆）于 2022 年举办了全国师生信息素养提升实践活动（教师部分）。对于基础教育组别来说，参赛项目包括课件、微课、融合创新教学应用案例。依据《全国师生信息素养提升实践活动（教师部分）参赛指南》，各参赛项目说明如下：

课件是指基于数字化、网络化、智能化信息技术和多媒体技术，根据教学内容、目标、过程、方法与评价进行设计、制作完成的应用软件。能够有效支持教与学，高效完成特定教学任务、实现教学目标。包括各类教学软件、学生自主学习软件、教学评价软件、仿真实验软件等。

微课是指教师围绕单一学习主题，以知识点讲解、教学重难点和典型问题解决、技能操作和实验过程演示等为主要内容，使用摄录设备、录屏软件等拍摄制作的视频教学资源。主要形式可以是讲授视频，也可以是讲授者使用 PPT、手写板配合画图软件和电子白板等方式，对相关教学内容进行批注和讲解的视频。

融合创新教学应用案例是指教师将信息技术作为教师组织与实施教学的工具和学生学习与认知的工具，融于教与学的过程，且教学成效明显的教学活动案例。

阅读导航

1. 广东省一流本科课程"小学现代教育技术应用"（中国大学 MOOC 平台）第 6 讲"微课与翻转课堂"。

2. 谢幼如，尹睿. 网络教学设计与评价［M］. 北京：北京师范大学出版社，2018.

3. 胡小勇. 设计好微课［M］. 北京：机械工业出版社，2017.

4. 张晓景. 微课设计与制作专业教程［M］. 北京：清华大学出版社，2017.

5. 伯格曼. 翻转课堂与深度学习［M］. 北京：中国青年出版社，2018.

6. 国家精品课程"翻转课堂教学法"（中国大学 MOOC 平台）。

思考与作业

1. 什么是微课？

2. 有人说："微课就是微视频。"对此，你的看法是什么？说说你的理由。

3. 微课的特点有哪些？

4. 分享和推荐一个你心目中优秀的小学微课，对其进行简要介绍与分析，并注明微课来源，说明推荐理由。

5. 从内容选择、过程设计、形式设计三个方面，分析微课设计的关键点。

6. 请登录"一师一优课"平台（https：//1s1k. eduyun. cn/portal/html/1s1k/index/1. html），在"部级优课"模块中，任意选择并观摩一节小学微课应用的课例，从教学应用的角度对微课的应用方式进行分析。

7. 什么是翻转课堂？与传统课堂相比，翻转课堂有什么优势？

8. 挑战性作业：设计实践题。

（1）自选小学教材中的某一个知识点，选择自己喜欢的微课类型，设计一个微课，填写一份微课设计方案。

微课基本信息	学科	
	知识点内容	
	教学对象	

教学目标：
教学过程（说清楚教学顺序、教学策略和互动形式）：
呈现形式：

（2）基于上述微课的设计，选择微课开发工具加以技术实现。

可参考的微课开发工具 Camtasia Studio 的下载地址为 https：//www. luping. net. cn/。

（3）从教学应用的角度，设计一节基于微课的翻转课堂，填写一份教学设计方案。

授课内容		所属学科	
授课课时		授课对象	
一、教学内容分析			
二、学情分析			
三、教学目标设计			
四、微课的设计			
五、学案设计			

六、教学活动设计

教学环节	教师活动	学生活动	虚拟实验的应用

七、教学评价的设计

学习反思

根据本章的学习情况，请您利用 P-M-I-Q 反思框架进行自我反思，并做好记录。

反思框架			
P（plus） 我已经学懂的内容	M（minus） 我尚未学懂的内容	I（interesting） 我感兴趣的内容	Q（question） 我感到疑惑的问题
1. 2. 3.	1. 2. 3.	1. 2. 3.	1. 2. 3.

第七章

虚拟实验的应用

学习目标

1. 能准确描述虚拟实验的概念与特点；

2. 能区分虚拟实验的类型；

3. 能解释探究性学习的内涵；

4. 能阐述探究性学习的类型；

5. 能掌握基于虚拟实验的探究性学习应用方法；

6. 在案例分析、问题讨论、方案设计的活动中，体会虚拟实验对创新小学课堂教学的重要作用，建立应用虚拟实验创新小学课堂教学的设计思维，增强信息技术与小学教学融合的主动意识。

问题导入

实验是人类认识和改造世界的重要手段和方法，在培养创新人才方面发挥着重要作用。在小学教育领域，传统实验教学存在课程开出率不高、部分实验难以开展等诸多问题，其原因在于：时间和场地的局限，小学生无法充分在课堂上进行实验设计与操作，以至于对实验概念与原理的学习难以深入；实验设备购买需要投入大量资金且难以获得，导致有些实验无法进行；小学生动手能力比较薄弱，在与实验设备近距离接触时往往会因实验操作不规范或者实验技能不熟练，导致实验安全风险。作为传统真实实验的有效补充，虚拟实验这一新型数字教育资源应运而生，且在小学教学中受到关注。然而，对于如何应用虚拟实验开展教学，不少教师仍存在疑惑。请您从小学教学应用的角度思考：

1. 什么是虚拟实验？

2. 虚拟实验有哪些类型？

3. 如何应用虚拟实验开展教学？

运用基于计算机的虚拟实验，如虚拟实验室、模拟仿真工具等开展教育教学活动是近年来非常流行的教学方式，其目的是通过计算机的模拟环境让学生能"亲身经历"知识的发现（发明）、形成、发展的过程，以生发丰富的内心体验、提升个人经验与实践能力。

第一节 虚拟实验的概念与特点

与传统的真实实验相比，虚拟实验具有高仿真性、开放共享性、人机交互性、可扩展性、重复使用性以及高安全性（比如有些实验在实验过程中会产生有毒或放射性物质，影响实验者身体健康或可能产生爆炸等威胁人身安全的现象）等诸多优点，能为某些传统难以真实完成的实验提供很好的模拟与仿真环境，因此，在实验教学中掀起了一股"虚拟实验热"。这股热潮在小学教学中同样产生不小的影响。那么，如何理解虚拟实验？

一、虚拟实验的概念

有人指出，虚拟实验是依托虚拟现实技术而产生和发展的一种实验模式，是利用计算机及仿真软件来模拟实验的环境及过程，让学生通过计算机操作来做实验，以代替或加强传统进行的真实环境下的实验[1]。也有人指出，虚拟实验是指借助多媒体、仿真和虚拟现实等技术，在计算机上所进行的对传统实验各操作环节的模拟和仿真[2]。可见，虚拟实验注重的是实验操作的交互性和实验结果的仿真性，主要是借助图像/图形、仿真和虚拟现实等技术在计算机上所营造的可辅助、部分替代甚至全部替代传统实验各操作环节的相关软硬件操作环节。不管怎么说，作为一个虚拟实验，应该包括实验对象、实验内容、实验操作、实验过程四个基本组成要素[3]。

（一）实验对象

实验对象是指像真实实验中的实验设备、实验物质和实验仪器等实体。它们不仅具有大小、颜色、质量、容量等各种属性，而且还能感知环境和其他实体的作用，并对不同的要求做出不同的反应。实验对象主要有两种：一种是虚拟仪器，另一种是软件模拟的实验对象。前者是利用现有计算机，加上特殊设计的仪器硬件和专用软件形成的新型仪器。后者是由一组仿真引擎模块组成，通过对实验数据的建模和数学求解对实验过程、结果进行计算机仿真。

（二）实验内容

为了解释实验原理，每一个虚拟实验都有其特定的实验内容。实验内容规限了虚拟实

---

① 吴凯威，刘志刚，刘青，等."基因工程虚拟实验室"的设计与开发 [J]. 实验室研究与探索，2006（5）：561-564.

② 王济军，魏雪峰. 虚拟实验的"热"现状与"冷"思考 [J]. 中国电化教育，2011（4）：126-129.

③ 单美贤. 虚拟实验系统的分类研究 [J]. 现代教育技术，2011（10）：117-120.

验所需要的实验对象、实验操作和实验过程。例如，为了解释"声音的传播需要介质，声音在真空中不能传播"的原理，我们设计了"真空罩中的闹钟"虚拟实验内容。该实验内容限定了实验对象为真空罩、抽气泵、闹钟，也规定了实验操作为：将真空罩与抽气泵之间的抽气管道连接；将闹钟打开并放在真空罩内，打开抽气泵开关抽气，听闹钟铃声的变化；关闭抽气管道阀门，关掉抽气泵开关，再打开抽气管道阀门，听闹钟铃声的变化。

（三）实验操作

实验操作是指实验对象被调用的方法，反映了实验对象之间的关系。当一个实验操作被执行时，就意味着相应的实验对象能够接受用户的操作，或者完成某项动作。通常，一个实验操作的执行会得到一定的实验结果，可以向实验者返回一定的数据或者状态等，也可以为下一个实验操作做准备。

（四）实验过程

实验过程反映的是虚拟实验执行时所经过的操作和它们的时序关系，各个实验操作通过实验过程关联起来。

> **思考·讨论**
>
> 2020 年 4 月，中央电化教育馆组织研制并推出中小学虚拟实验教学服务系统（简称"央馆虚拟实验系统"）（https：//vlab. eduyun. cn/portal/home），已在全国多个实验区开展教学应用。请注册登录，任意选择小学科学的一个虚拟实验进行体验，感知虚拟实验的四个构成要素，并与其他学习伙伴交流体验感受。

二、 虚拟实验的特点

与传统的真实实验相比，虚拟实验具有两个鲜明的特点：

（一）沉浸性

沉浸性指的是学习者能够沉浸到计算机系统构建的实验场景中，参与实验操作。随着虚拟现实技术的发展，虚拟实验呈现出从平面转向立体、单机转向网络的趋势，使得学习者置身于虚拟环境中，并可与虚拟环境中的各种实验对象相互作用，仿佛沉浸于现实的世界中一般。由于小学阶段学生对外界事物的感觉和知觉由明显的无意性向有意性发展、由笼统性向精确性发展，虚拟实验的沉浸性方面不宜过于复杂，否则容易使小学生产生"认知摩擦"[1]，变成技术的应用和功能的堆砌，使实验变得复杂、难于理解和使用，学生难以通过感知觉达到预期操作的结果。

（二）交互性

交互性指的是学习者能够与计算机系统构建的实验环境进行多维交互，例如组装实验仪器、测量实验变量、分析实验数据等，如同在真实环境中开展实验一样。但是，我们也

---

① 王济军，魏雪峰. 虚拟实验的"热"现状与"冷"思考 [J]. 中国电化教育，2011 (4)：126 - 129.

要注意到，现在有很多虚拟实验仍以简单交互为主，在提升小学生动手操作能力方面存在一定的局限性。比如，在小学科学关于电磁学的很多实验中，需要学生根据不同的实验条件使用不同的导线连接实验线路。在虚拟实验中，只要点击相应的按钮就可以把导线连接到仪器上去，学生根本体会不出不同方法所用的导线以及连接方法有何不同，不能锻炼学生的动手操作能力。

> **思考·讨论**
>
> 　　结合小学生的学习特点与认知规律，对比分析小学教育领域中，真实实验与虚拟实验的优势与不足，以表格的形式列出你的观点，并与其他学习伙伴进行交流。

第二节　虚拟实验的类型

　　虚拟实验的类型繁多，按照虚拟实验的逼真程度、用户对虚拟实验的操控程度以及用户对虚拟实验的体验程度，可以将虚拟实验划分为面向过程（procedure-based）的实验、基于数据（data-based）的实验和接近现实（reality-based）的实验。

一、面向过程的实验

　　面向过程的实验，强调对真实实验操作过程的模拟，注重学生的视觉、听觉和触觉等不同感官的真实体验。这类实验的目的是演示实验原理，让学生掌握实验过程或者操作步骤。图7-1为小学科学"影子的形状和什么有关"的虚拟实验，小学生可以点击"实验步骤"，按照步骤中的提示操作手电筒，观察手电筒的光照在物体不同位置而形成的影子的变化。这类虚拟实验相对于真实实验而言，更安全，实验效果更直观。

图7-1　"影子的形状和什么有关"虚拟实验

◤ **资料链接**

Nobook 虚拟实验介绍

Nobook（乐步）虚拟实验是一款国内公司开发的用于支持 K-12 实验教学的工具，包含虚拟实验系统和实验测评系统。Nobook 虚拟实验提供了横跨高中、初中以及小学三个学段的线上虚拟实验工具，涵盖了小学科学，中学物理、化学、生物等学科的实验内容。它针对抽象的、有危险性和破坏性以及受时空限制无法观察和控制的实验，采用数字化手段呈现清晰的实验现象，实现理科知识可视化、生动化、形象化的处理。Nobook 虚拟实验按照相应学科的课程标准，结合不同版本教材要求，提供实验指引和实验材料，支持学生根据实验步骤动手操作，帮助学生更快地掌握实验要领，促进学生的学科概念与原理的意义建构。

网址：https：//www.nobook.com/index.html.

◤ **二、 基于数据的实验**

基于数据的实验，强调学生以自然交互的方式开展实验，通过选择、连接仪器仪表和元器件，设置参数和工作方式，测量、记录、分析和处理数据，进而得到测量结果，以帮助学生建立科学的思维。在小学数学"等式探索"虚拟实验中，小学生可以根据几何图形代表的数字，通过将几何图形拖动到天平上，探索和感知等式的含义。在小学科学"力和运动"虚拟实验中，小学生可以选择拔河的实验情境，探索力的大小与运动的方向。

◤ **资料链接**

PhET 虚拟实验介绍

PhET 全称是 Physics Education Technology，来源于诺贝尔物理学奖得主卡尔·埃德温·威曼（Carl Edwin Wieman）在美国科罗拉多州立大学里发起的物理学教育技术计划。PhET 提供了一系列应用 Java、Flash、HTML5 等技术开发的仿真互动虚拟实验工具，涵盖了小学数学、科学，中学物理、化学、生物、地理等学科的实验内容。PhET 虚拟实验工具提供了仿真的实验器材，近似真实的实验情境和真实的实验效果，可以帮助学生重复不同参数条件的实验，记录和分析实验数据，促进学生理解抽象的概念和规律。目前，PhET 虚拟实验已被翻译成超过 65 种不同语言，包括中文、西班牙语、德语等。

网址：https：//phet.colorado.edu.

三、接近现实的实验

接近现实的实验，强调为学生创设逼真的实验环境，允许学生像在真实环境中一样开展实验设计和操作，进而探究实验原理和发展问题解决的能力。对于这种类型的实验，学生首先需要分析实验题目，进而提出实验假设、设计实验方案（主要是实验参数的设计、技术规格的设计等），然后再选择实验装置、进行实验操作、分析和处理实验数据，得到实验结果，并将实验结果和实验假设对比分析得到结论。

通常来说，接近现实的实验，是利用计算机生成一种模拟环境，向用户提供视觉、听觉、触觉等多种感官刺激，用户通过头盔式显示器、手势（数据手套）、体势（数据衣服）和自然语言等方式与这一环境（以及其中的虚拟物体、人物）进行实时交互，产生一种身临其境的沉浸感受。

思考·讨论

观看视频"TED 演讲：颠覆科学教育的 VR 实验室"，思考虚拟实验在小学教学中应用的场景、意义和价值，以及面临的挑战。将你的想法记录下来，并与其他学习伙伴进行交流。

视频链接：https：//open.163.com/newview/movie/free? pid＝MBNPUUS59&mid＝MBN-PVD8GR.

资料链接

虚拟实验的分类

虚拟实验按照不同的角度可分为不同类型：

第一类，根据仪器设备的真实性可分为：（1）基于软件模拟的虚拟实验，有单机版的，也有网络版的。基于软件模拟的虚拟实验通常由一组仿真引擎模块组成，通过对实验数据的建模和数学求解对实验过程、结果进行计算机仿真。（2）基于虚拟仪器的虚拟实验，也称为远程控制实验，这类虚拟实验一般都是基于网络的，其核心部件是可以接受数字控制的实验装置和同时连接实验装置和网络的控制器，用户通过网络访问控制器，调节实验装置的算法、参数等要素，通过数据反馈、视频直播等方式实时得到实验结果。

第二类，根据虚拟实验的开发技术可分为：基于 VRML-JAVA 的网上协同虚拟实验、基于 J2EE 的网络虚拟实验、基于 NS2 的虚拟实验、基于 Flash 的虚拟实验、基于 MAT-LABWeb 的虚拟实验等。

资料来源：单美贤. 虚拟实验系统的分类研究 [J]. 现代教育技术，2011 (10)：117-120.

第三节　虚拟实验的应用方法

2021 年 7 月，教育部等六部门发布《关于推进教育新型基础设施建设 构建高质量教育支撑体系的指导意见》，指出"依托感知交互、仿真实验等装备，打造生动直观形象的新课堂"。虚拟实验作为一种具有探究性、交互性的数字教育资源，可以与小学实验教学实现深度融合，支持小学生在探究的过程中建构科学知识，促进深度学习。

一、探究性学习的内涵

探究性学习的方法最早可以追溯到杜威的"思维起于疑难"。然而，对探究性学习具有实际推动作用的要数美国芝加哥大学的施瓦布（Schwab, J. J.）教授。20 世纪 60 年代末，施瓦布教授在一次演讲中提出了"作为探究的科学教学"这一理念，主张要积极引导学生像科学家那样对世界进行探究，指出"如果要学生学习科学方法，那么有什么学习比通过积极地投入到探究的过程中去学习更好的呢？"几乎同一时期，美国认知心理学家布鲁纳（Bruner, J. S.）在进行"发现学习"研究时认为，发现学习的"发现"与科学家的"发现"只是形式和程度的不同，而性质是相同的。因此，学生要像数学家那样去思考数学，去发现问题的结论和规律，成为一个"发现者"。自此，探究性学习被用于科学课程、生物学课程和社会学课程的教学中，并被人们广泛接受。

（一）探究性学习的概念

探究是多层面的活动，包括：观察；提出问题；通过浏览书籍和其他信息资源发现什么是已经知道的结论，制订调查研究计划；根据实验证据对已有的结论做出评价；用工具收集、分析、解释数据；提出解答，解释和预测；交流结果。探究要求确定假设，进行批判的和逻辑的思考，并且考虑其他可以替代的解释。

探究性学习，是指运用探究的方式进行的学习过程与活动，亦即学生在教师的指导下，主动发现问题，以一种类似科学研究的方法对问题进行分析和研究，从而达到问题解决和知识获得的过程与活动[①]。不同于科学家的探究活动，探究性学习只是要求学生在学科领域内或现实生活情境中选取某个问题，通过质疑、提问、调查、实验、分析、交流等手段获得问题求解的方法。

（二）探究性学习的特点

1. 以问题为探究中心，激发兴趣和思维

探究是从问题开始的，发现和提出问题是探究性学习的开端。心理学研究表明：问题意识是思维的起点，没有问题的思维是肤浅的被动的思维，只有当个体活动感到自己需要问"为什么""是什么""怎么办"的时候，思维才真正启动。在教学中，教师要善于创设

---

① 钟志贤 . 信息化教学模式：理论建构与实践例说［M］. 北京：教育科学出版社，2005：169.

情境，通过实验、观察、阅读等途径引导学生发现问题，以问题为中心组织教学，将新知识置于问题情境中，使获得新知识的过程成为学生主动提出问题、分析问题、解决问题的过程。

2.强调自主参与，训练实践动手能力

探究性学习不是教师把结论直接告诉给学生，而是学生在教师的指导下积极参与教学活动，来获得主体能力的锻炼和发展。在课堂教学中，学生参与就是使学生真正成为课堂的主人，成为知识的主动探索者与发现者，成为主体构建与发展的主宰者，并在每次参与过程中发展其自主性、生动性与创造性。学生通过参与各种各样的探究活动，如观察、调查、制作、收集资料等，亲自得出结论，体验了获得知识的愉快感；学生通过从多角度深入地理解知识，建立知识间的联系，从而使他们面对实际问题时，能够激活知识，灵活运用知识解决问题。

3.注重合作交流，促进协作能力的培养

在探究活动中，常常需要分组制订探究计划，分组实验和调查，需要进行讨论、争论和意见综合等合作学习。在探究活动中，学生都以自己的方式，基于已有的经验来构建对客观事物的理解。由于已有的经验和知识背景不同，思考问题的方式各异，学生对事物的理解也不尽相同。合作学习能拓展学生的视野，使学生看到问题的不同侧面，对自己和他人的观点进行反思和批判，从而构建起新的和更深层次的理解。同样，在共同解决问题的过程中，学生也要学着处理与协作者之间的关系等问题，这也有助于学生协作能力的培养。

4.重视收集实证资料，培养科学探究能力

在探究性学习中，学生要根据实证资料对科学现象做出解释。学生对动植物、岩石进行观察并详细记录它们的特征，对温度、距离、时间进行测量并仔细记录数据，对化学反应和月相进行观测并绘制图表说明它们的变化情况。同时，学生也可以从教师、教材、网络或其他地方获取证据对他们的探究进行补充。

（三）探究性学习的基本环节

探究性学习包括六个基本环节[①]：（1）提出问题，教师根据教学内容和教学目标，设计与学生原有知识结构相联系但又引发学生认知冲突的情境，使学生处于一种"疑问"状态，自然提出值得探究的问题；（2）猜想假设，通过猜想、预测、推理等内部思维活动形成对问题的假定性答案，一方面可以帮助学生确定探究方向、制订探究计划、部署探究程序，另一方面可以调动学生积极参与科学探究；（3）设计方案，学生在教师的引导下，思考探究的原理和方法、实施步骤、工具或材料等内容，进而设计探究方案，明确探究的顺序；（4）检验假设，学生根据制订的方案开展探究，收集证据以支持假设的论证；（5）分析证据，学生在收集证据后，需要根据信息、事实或现象之间的关系，对相关信息进行加工整理，对证据进行归纳分析，对现象和数据进行描述处理，进而判断事实证据与假设之

---

① 谢幼如，尹睿.网络教学设计与评价［M］.北京：北京师范大学出版社，2018：188－190.

间的关系；（6）得出结论，学生分析比较所获得的实验事实和证据，并与已有知识经验相联系，以科学的方法对证据进行概括总结，形成探究结论。

二、探究性学习的类型

按照不同的分类依据，探究性学习可以划分为不同的类型。了解探究性学习的类型，有助于教师更好、更恰当地开展探究性学习。

（一）按照探究目的的不同进行划分

根据探究的目的，探究性学习可以分为两大类：以教学为本的探究、以探究为本的教学[1]。对于前者，探究是一种教学手段，并非教学目的。教学目的在于掌握课目内容。因此，这种类型的探究主要用于课目教学中。至于后者，探究既是一种教学过程，也是一种教学目的。通过仿照科学研究的过程来学习课目内容，从而在掌握课目内容的同时体验、理解和应用科学研究方法，提高科学研究能力。在本教材中，我们采纳的是第二种类型的探究性学习。

（二）按照探究内容的不同进行划分

根据探究的内容，探究性学习可以分为三大类：项目探究、问题探究与实验探究。项目探究是指学生在一定时间内解决一系列与真实世界相关联的问题并将结果以产品或作品的形式表现出来的探究活动。问题探究是指把学习置于复杂的、有意义的问题情境中，学生通过解决真实的问题来学习隐含于问题背后的科学知识，形成问题解决能力的探究活动。实验探究是指学生围绕问题做出假设，通过设计实验、实施实验、收集证据等方式检验假设的探究活动。

（三）按照探究的逻辑思维不同进行划分

根据探究的逻辑思维，探究性学习可以分为两大类：归纳探究与演绎探究。归纳探究，就是学生从个别事例出发，经过探索得出一般结论的探究。演绎探究，则是学生在习得概念或原理后，经过探索寻找与之有着实质性联系的具体事例的探究。

（四）按照探究的规模不同进行划分

按照探究的规模，探究性学习可以分为三大类：自主独立探究、小组合作探究和大班讨论探究。顾名思义，自主独立探究是学生个体借助资源和工具，开展独立思考式的一种探究活动。这种探究需要学生具有较强的独立分析问题、解决问题的能力。小组合作探究是学生以小组的方式，通过合作设计、协同实验、互动讨论的方式开展的一种探究活动。这种探究需要学生具有良好的合作技能。大班讨论探究是全班同学以自由组织的方式围绕问题进行讨论的一种探究活动。

---

[1] 高佩．"探究性学习"的概念、分类及意义［J］．现代教育科学，2003（3）：17-19.

三、探究性学习的层次

为保证探究性学习的效果，教师需要根据教学目标、教学内容的要求以及学生特点，设计不同层次的探究性学习。

（一）根据教师的引导程度和学生的主导程度进行划分

根据在探究性学习中教师的引导程度和学生的主导程度的强弱，探究性学习分为三个层次，由低到高分别是：结构式探究、引导式探究和开放式探究（见图 7-2）。

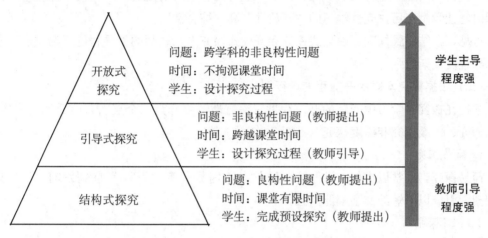

图 7-2　结构式探究、引导式探究和开放式探究的核心

1. 结构式探究

结构式探究是指教师提出问题并设计探究的详细过程，学生跟随着教师预设的探究过程进行探究活动。这种层次的探究通常在课堂有限的教学时间内就可完成，整个探究过程基本上是在教师大量的指导与帮助下完成的，学生只是体验探究性学习的"探究性"，探究的问题多是良构性问题，其目的是通过探究的方法让学生掌握课目内容。例如，在小学数学"梯形面积的计算"一课中，教师提出"如何运用'转化'的数学思想推导梯形面积"这一问题，并给出梯形面积推导的实验报告框架，让学生运用 MP-Lab 创意数学平台，通过"转化—观察—结论—验证"四个探究步骤，自主推导出梯形面积的计算公式，完成实验报告的填写。

2. 引导式探究

引导式探究是指教师提出问题，引导学生共同设计探究过程，学生按照过程共同收集证据、分析数据以完成探究任务。这种层次的探究一般需要跨越若干课时才能完成。教师对学生探究的过程只是给予方向性引导，更多的是提供机会，让学生合作探究，体会探究性学习的"实践性"，探究的问题以非良构性问题为主，但是仍拘泥于某个课目的教学，其目的是通过探究的方法不仅掌握课目内容，而且提高学生解决问题的能力和动手实践的能力。例如，在小学数学"生活中的统计应用"主题学习中，教师提出"如何用统计图表示生活场景中的数据"这一问题，引导学生从"查找生活中的统计应用场景"到"创设多样的生活场景，收集统计数据，绘制统计图"设计具体的探究过程，让学生在亲身参与中，体悟统计图在生活中的广泛应用，提高分析问题、解决问题的能力。

3. 开放式探究

开放式探究是指提出问题、猜想假设、设计实验、检验假设和得出结论等整个环节都以学生为中心，全程由学生自主或协作完成，教师只有当学生遇到困难需要寻求帮助的时候才会适时提供指导。这种层次的探究多以项目探究为主，且探究的问题是融合跨学科知识的非良构性问题。这种层次的探究需要突破时间和空间的限制，不拘泥于课堂，不拘泥于课时，让学生亲历探究性学习的"开放性"和"综合性"。

可见，在结构式探究、引导式探究和开放式探究中，教师的引导程度逐渐减弱，学生的主导程度逐渐增强。

（二）根据探究问题的开放程度进行划分

根据在探究性学习中问题的开放程度，探究性学习分为三个层次，由低到高依次为：简易探究、中级探究和深度探究（见图 7-3）。

1. 简易探究

简易探究，通常以类似"谁""哪里""什么时候"等"What"问题发问，学生只需利用搜索引擎以简短的文字就能回答。

2. 中级探究

中级探究，通常以类似"如何""怎样"等"How"问题发问，学生不仅需要利用搜索引擎，还需要借助其他技术工具才能做出回答。

3. 深度探究

深度探究，通常以"假设什么，就会怎样""你的推断是什么""你的依据是什么"等"Why"问题发问，学生需要多样化的工具和手段去推理和论证，并形成自己的观点。

可见，在简易探究、中级探究和深度探究中，问题的开放程度越来越大，从良构性问题走向非良构性问题。

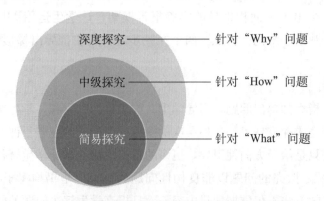

图 7-3 简易探究、中级探究和深度探究的问题层次

四、基于虚拟实验的探究性学习

如前所述，虚拟实验可分为面向过程的实验、基于数据的实验和接近现实的实验三类。由于它们与真实实验的逼真程度、用户对其操控程度以及体验程度各有不同，基于虚拟实验的探究性学习的设计侧重点也有所不同。

（一）面向过程的实验的探究性学习

在面向过程的实验的探究性学习中，虚拟实验的目的是再现和演示实验的操作过程以揭示实验原理，其基本程序都是按照实验的过程预设好的，因此，面向过程的实验的探究性学习设计主要涉及如下环节：（1）教师创设问题情境，提出结构化探究问题，学生围绕问题仔细观察虚拟实验演示并记录实验现象。（2）同伴之间就观察的实验现象进行交流讨论，教师引导学生结合虚拟实验分析问题。（3）师生共同揭示实验原理，建构知识意义。

（二）基于数据的实验的探究性学习

在基于数据的实验的探究性学习中，虚拟实验的目的是支持学生开展实验探究，并允许学生在改变实验条件、变量或者参数的情况下，记录、收集、计算与分析数据，因此，基于数据的实验的探究性学习设计主要涉及如下环节：（1）教师创设问题情境，提出结构化探究问题，学生感知情境中的问题，思考解决问题的途径，初步建立猜想，制订探究实验计划或方案。（2）学生利用虚拟实验进行反复实验操作，记录数据，观察实验现象，分析数据，揭示实验现象。（3）学生之间相互交流实验结果，发现异同，引发认知冲突。（4）教师引导学生思考和分析，建构实验原理，提高科学探究的思维与能力。

以小学自然"饮食与健康"一课为例[①]，学生利用 PhET 虚拟实验开展探究性学习。这节课的教学要求是：认识食物中的营养成分有糖类、蛋白质、脂肪、维生素、无机盐和水等，认识各营养成分对人体健康都很重要，认识食物中的营养成分不是单一的，知道适量、丰富、均衡的饮食有利于健康。具体教学过程是：

在"创设情境，猜想假设"环节，教师请两名学生分享课前完成的"一日饮食小调查"，向全班学生提问"这些同学的饮食是否健康呢?"学生基于日常经验对所展示的饮食计划提出不同的猜想和假设。

在"反复实验，记录数据"环节，首先，学生打开 PhET"饮食与运动"虚拟实验，选择要使用的单位，设定好人物的年龄、身高、体重等数据，程序将按照学生输入的数据自动设置体脂肪率；其次，按照一天的食谱在"食物"选项中将相应的食物拖入餐盘中；再次，设定人物每天的活动场景，一般设为"适度的运动"；最后，运行程序，观察一段时间后人物的体重变化，记录数据。

在"交流结果，建构概念"环节，教师展示不同小组学生的表格数据并进行比较，学生通过对表格数据的比较、讨论和辨析，认识适量、均衡的饮食有利于健康，而形成每日

①　李冬. 融合 PhET 虚拟实验促进学生深度学习的实践研究：以小学自然《饮食与健康》一课教学为例 [J]. 教育传播与技术，2022（4）：36-41.

饮食摄入既不能太多也不能太少的意识。

在"知识迁移，深化应用"环节，教师设计拓展作业"建立自己的膳食宝塔"，学生运用 PhET 虚拟实验再做一个假设实验，观察在不同运动场景下人物的健康发展状况，进而得出不同运动场景下适宜的饮食结构，引导学生理解饮食均衡其实就是食物中营养成分均衡。

（三）接近现实的实验的探究性学习

在接近现实的实验的探究性学习中，虚拟实验更接近于真实实验，学生可以在其中像真实环境一样自由进行实验操作，因此，接近现实的实验的探究性学习设计主要涉及如下环节：（1）教师创设问题情境，提出开放性探究问题，学生根据已有的知识经验大胆做出猜想，建立假设，制订个性化探究实验计划或方案；（2）学生利用虚拟实验自由进行实验设备的选择与组装、实验条件的改变与调节、实验数据的采集与分析、实验现象的观察与记录等，在此环节中，学生可以反复设计，反复实验，反复验证，直至实验成功；（3）学生提交实验报告，相互之间分享交流，教师组织学生点评报告，引导学生分析实验过程，进而建构实验原理，提高独立探究和解决问题的能力。

阅读导航

1. 广东省一流本科课程"小学现代教育技术应用"（中国大学 MOOC 平台）第 5 讲"虚拟实验与探究性学习"。

2. 李艺，单美贤. 虚拟实验原理与数学应用 [M]. 北京：教育科学出版社，2005.

3. 张若晨，马效文. 探究性学习指导策略 [M]. 天津：天津人民出版社，2020.

思考与作业

1. 虚拟实验的基本构成要素有哪些？

2. 有人说："虚拟实验是基于虚拟现实技术实现的，所以，学生从虚拟实验中得到的是一种虚拟的体验，这是一种抽象的体验。这种虚拟和抽象的体验不符合小学生的认知发展规律。"对此，你的看法是什么？

3. 举例说明虚拟实验的类型。

4. 分享和推荐一个你喜欢的虚拟实验，对其进行简要介绍与分析，并注明虚拟实验来源，说明推荐理由。

5. 解释什么是探究性学习？探究性学习有什么特点？

6. 举例说明探究性学习的类型与层次。

7. 挑战性作业：设计实践题。

基于本章列举的虚拟实验（央馆虚拟实验系统、Nobook 虚拟实验、PhET 虚拟实验），选择自己喜欢的一个虚拟实验，设计一节基于虚拟实验的探究性学习，填写一份教学设计方案。

授课内容		所属学科	
授课课时		授课对象	

一、教学内容分析

二、学情分析

三、教学目标设计

四、虚拟实验选择

（描述虚拟实验的名称、来源、主要界面）

五、教学活动设计

教学环节	教师活动	学生活动	虚拟实验的应用

六、教学评价的设计

学习反思

根据本章的学习情况，请您利用 P-M-I-Q 反思框架进行自我反思，并做好记录。

反思框架			
P（plus） 我已经学懂的内容	M（minus） 我尚未学懂的内容	I（interesting） 我感兴趣的内容	Q（question） 我感到疑惑的问题
1. 2. 3.	1. 2. 3.	1. 2. 3.	1. 2. 3.

第八章

数字教材的应用

学习目标

1. 能准确说出数字教材的概念与特点；
2. 能区分数字教材的类型；
3. 能掌握数字教材的应用方法；
4. 在案例分析、问题讨论、方案设计的活动中，体会数字教材对优化小学课堂教学的重要作用，建立应用数字教材优化小学课堂教学的设计思维，增强信息技术与小学教学融合的主动意识。

问题导入

2019 年 6 月，中共中央、国务院印发《关于深化教育教学改革 全面提高义务教育质量的意见》，进一步明确"强化课堂主阵地的作用，切实提高课堂教学质量。推进'教育＋互联网'发展，按照服务教师教学、服务学生学习、服务学校管理的要求，建立覆盖义务教育各年级各学科的数字教育资源体系"。课堂教学离不开教材，数字教材建设是数字教育资源在课堂教学中普及与应用的重要基础。近年来，各省市区纷纷启动"义务教育阶段国家课程数字教材规模化应用全覆盖项目"。陈老师是 GZ 市某小学的一名语文教师，最近准备参加一个有关数字教材应用的优质课展示活动，但是，如何用好、用活数字教材？如何应用数字教材创新课堂教学？这一直是陈老师反复思考的问题。请您从小学教学应用的角度思考：

1. 什么是数字教材？
2. 数字教材有哪些类型？
3. 如何应用数字教材开展教学？

随着平板电脑等移动终端设备在小学教育领域的普及，移动阅读与泛在阅读等电子阅读方式已成为小学课堂教学的一种新方式。当前，数字教材作为推行教学改革、提升教学质量的核心要素，在教育教学领域，特别是基础教育课堂中的普及与常态化应用已成为必然趋势。

第一节　数字教材的概念与特点

数字教材作为一种新形态融媒体立体教材，在小学课堂教学中的应用已初见端倪，但人们对数字教材的认知与理解仍然难以统一。那么，应该如何理解数字教材？

一、数字教材的概念

数字教材在教学实践中早有应用，但是对其明确定义却不多见，众说纷纭。目前，学界对数字教材的定义主要有三种，分别是电子书、电子课本和教学资源。

（一）电子书

许多研究者认为数字教材源于电子书，认为数字教材是一类遵循学生阅读规律、利于组织学习活动、符合课程目标要求、按图书风格编排的电子书[①]。而且，这里所说的电子书，不再仅仅指代数字化的内容，还包括承载内容的阅读软件和设备。从这个解读出发，电子教材应做到：遵循学生阅读规律，即电子教材的内容呈现、软件功能和阅读终端操作符合学生阅读习惯；利于组织学习活动，即电子教材不仅具备基本阅读的支持工具，还包含诸如笔记、作业、练习等支持教与学活动的工具；符合课程目标要求，即电子教材依据课程标准、教材编写规范来编制；按图书风格编排，即电子教材在结构编排上接近传统教科书风格。

（二）电子课本

说起教材，很多人马上会联想到课本，基于此，有研究者将数字教材等同于电子课本，认为数字教材就是课本的电子化。但本质上，课本指的是教科书，是反映课程内容的一种重要载体。教材则指的是教学材料（teaching materials），是教学活动中教师用来与学生交流的所有天然或人造物品[②]，包括课本、讲义、参考书、教学辅助材料、课件、教案、教具等。可见，教材是包含课本在内的所有教学材料，其含义比课本更为广泛。因此，单纯将数字教材看作电子课本，无形中窄化了数字教材的概念范畴。

（三）教学资源

有研究者认为数字教材是一个集中了学校中的教学和学习领域里的数字媒介，将教学需要的教材、教学辅助材料、工具书等按照科学的结构整合而成的综合教学资源包。这个定义实则将数字教材看成一种课程学习资源包，以课程为基本单元，将内容相关、表现形

---

① 陈桄，龚朝花，黄荣怀.电子教材：概念、功能与关键技术问题［J］.开放教育研究，2012（2）：28 - 32.
② 朗特里.英汉双解教育辞典［M］.北京：教育科学出版社，1992：505.

式各异的不同介质的资源，有机组合成一套相对完整的适应教学和学习的资源集成。这个定义强调的是数字教材的富媒体特征，突出数字教材将各种文字、图片、音频、视频、动画等资源集于一体。

综合上述关于数字教材的多种定义，本教材认为，数字教材是以课程内容的结构逻辑为主线，融合文本、图形、声音、动画、视频等富媒体信息，提供支持教学或学习活动的交互软件，且可以运行在桌面电脑、平板电脑等终端设备上，与课本编排风格一致的电子书。可以说，数字教材是一种以课程目标为导向，以教学和学习应用为目的的特殊电子书；数字教材是一个融教材、资源、学科工具、应用数据于一体的数字化学习系统。

> **思考·讨论**
>
> 在理解数字教材概念的基础上，请分别从技术属性和教学属性两个方面，比较传统纸质教材与数字教材的功能，用韦恩图将其异同点描述出来，并与其他学习伙伴进行交流讨论。

二、数字教材的特点

数字教材作为教材中的一种类型，不仅具有教材的相应特点，而且突出了信息技术在数字教材中的独特特点，具体体现在育人功能性、学科规律性、富媒体性、强交互性和灵活开放性五个方面。

（一）育人功能性

教材是落实立德树人根本任务的直接载体[1]，是"国家意志、民族文化、社会进步和科学发展的集中体现"[2]。数字教材是落实党的教育方针、传递国家意志、传播文化与科技的重要载体。一方面，数字教材以国家课程标准为依据，在内容选择上须充分反映国家意识形态，以保障数字教材知识内容的育人性。另一方面，数字教材以促进学生发展为根本目的。学生在教师的指导下通过使用数字教材不断与教材中的知识产生交流互动，借助数字教材自主进行知识意义的发掘与建构，不断提升自我、发展自我、完善自我[3]。

（二）学科规律性

数字教材作为一种特殊的电子书，教学内容是按照纸质教材的知识逻辑线索加以编排的，体现出学科知识科学而严密的结构体系。要结合不同的教学内容，融入不同的媒介信息，设计不同的教学和学习工具，使其更符合学科特点。例如，结合语言学科特点，数字教材载入朗读示范、点读等功能和阅读工具，助力趣味化情境的创设与文化理解的增进，助力阅读教学深化；结合数学学科特点，数字教材融入模拟动画和动态数学工具，为学生

---

① 钟启泉. 课程的逻辑 [M]. 上海：华东师范大学出版社，2008：145.
② 李臣之. 课程实施：意义与本质 [J]. 课程·教材·教法，2001 (9)：13-17.
③ 闫君子，张家军. 数字教材的概念诠释与功能剖析 [J]. 教育科学研究，2022 (4)：47-52.

提供数学探究和数学实验的空间环境，实现抽象知识直观化，助力学生思维锻炼的强化与发展；结合科学学科特点，数字教材载有虚拟实验室和实验视频，透过互动感强、虚拟现实的多媒体科技，助力学生了解实验过程、增进科学探究与创新的热情；结合音乐等学科特点，数字教材提供曲目资源工具，实现多感官艺术鉴赏。比如粤教翔云数字教材应用平台的小学英语数字教材，配有对应的听力材料，为学生提供沉浸式的语言学习环境，很好地支持学生通过听（看）音视频自主练习听力，并配合音视频进行情境会话。

（三）富媒体性

数字教材内嵌、外联了各种富媒体资源，使教学内容的呈现更加生动活泼，更加具有趣味性。例如，在人教版小学数学数字教材中，关于"认数"的内容是这样设计的：在认数 1~5 的过程中，计数器上的珠子变静态为动态，能清晰地展示数在一个一个地增多的过程，更能让学生感受到，在 2 的基础上增加 1 是 3，在 3 的基础上增加 1 是 4。这样的设计，在认数的过程中蕴含了数与数之间的关系，并渗透了加法的意义[①]。

（四）强交互性

随着信息技术的发展，数字教材从注重多媒体资源单向呈现向数字化媒体的交互体验发展，可以支持学生对媒体的操纵，增强学生多种感官体验，提高学习的参与性和沉浸感。例如，在小学数学数字教材中，学生利用实时交互工具进行图形拖动等操作来验证自己的猜想，帮助学生获得更加直观的体验。北师大版小学数学数字教材通过"魔法园丁"实现 AR 互动的场景，例如，对于六年级下册的教学内容"圆柱与圆锥"，教材中要求学生"观察平面图形，想象通过旋转后的立体图形"。这对小学生来说会有些困难。"魔法园丁"利用 AR 技术将这一过程化难为易。学生在纸上任意绘制一个长方形，使用"魔法园丁"扫描识别后，就可以观察该图形旋转成立体的完整过程，从而达到具身化的认知学习。

（五）灵活开放性

数字教材是一个以知识内容为中心的灵活开放的学习系统。其灵活开放性体现在：（1）数字教材提供多种教学工具和学习工具（如评价反馈工具、实验探究工具等），方便教师组织线上线下融合的教与学活动。（2）数字教材支持资源实时上传与下载，方便教师进行"点点用""改改用""创创用"。（3）数字教材支持过程性学习成果的即时共享，便于师生之间、生生之间的互动交流，实现教学生成。（4）数字教材可以针对学生学习需求，选择合适的工具（如裁剪、放大等）对教材中的内容进行增减、批注，甚至是参与和创造知识，实现知识在教学情境中的流动。随着人工智能技术的不断发展，自适应学习系统、智能推荐学习系统、大数据精准教学系统等赋能数字教材应用，使其智能化、精准化、个性化成为可能，可根据数字教材的阅读和学情数据，提供学习路径分析和数字资源精准化推送，满足学生个性化学习需求。

① 唐彩斌，孙钰红，王罗那. 数字教材：让不同学生在数学上获得各自发展：对小学数学数字教材建设的分析与建议［J］. 中小学数字化教学，2020（7）：18-21.

思考·讨论

2018 年，广东省教育厅启动实施"广东省义务教育阶段国家课程数字教材规模化应用全覆盖"项目，建设"粤教翔云数字教材应用平台"，支持数字教材规模化应用。观看小学英语"Unit 4 At the farm"课例，思考：这节课中哪些环节体现了数字教材的五大特点。将你的观点记录下来，并与其他学习伙伴进行交流讨论。

课例网址：https://www.gdtextbook.com/.

第二节 数字教材的类型

数字教材作为一种新形态教材，自产生以来，其形态总是随着新媒体、新技术的发展而不断变化。基于数字教材内容媒体的丰富性、交互性、动态性的差异，可将数字教材分为三种类型：静态媒体数字教材、多媒体数字教材和富媒体数字教材[1]（见图 8-1）。

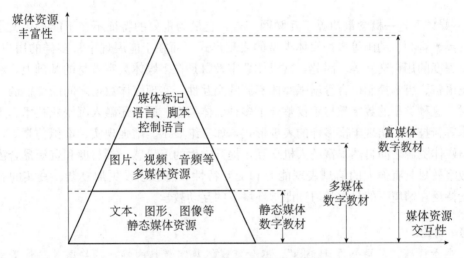

图 8-1 数字教材的媒体资源特性

一、静态媒体数字教材

静态媒体数字教材是以文本、图形、图像等无交互特性的静态媒体作为主要内容形式的一种数字教材。这类数字教材由纸质教材直接转化而来，且与纸质教材的版式保持一致。从本质上说，静态媒体数字教材就是一种电子课本，相当于课本的"简单电子

---

[1] 胡畔，王冬青，许骏，等.数字教材的形态特征与功能模型［J］.现代远程教育研究，2014（4）：93-98.

化"。由于媒体形式简单、缺乏交互性，这类数字教材在知识呈现、使用体验等方面相对于纸质教材来说并无明显优势。所以，静态媒体数字教材仅适合于阅读学习，不适用于课堂教学。

二、多媒体数字教材

多媒体数字教材是在文本、图形、图像等静态媒体的基础上，根据教学内容的特点与需求，增加视频、音频等媒体资源，并使各种媒体有效整合，生动形象地呈现知识内容的一种数字教材。这些多媒体资源通过嵌入式或独立窗口的方式完美地整合进教材的文字中，拓展课程教学的内涵和空间，让多种媒体学习资源相对独立而又共同地存在于同一种数字教材中。然而，多媒体数字教材媒体内容的丰富性与交互性仍然有限，学生只能对资源进行简单的单向控制，并被动接受媒体资源信息，难以有效调动学习者的积极性与主动性，促进学习者参与并融入数字教材的教学情境中。所以，多媒体数字教材多适合于在课堂教学中创设情境，不适用于交互式学习。

三、富媒体数字教材

"富媒体"这一概念最初源于互联网广告，它最为重要的特征不在于能提供文字、图片、视频、音频、动画等多种媒体类型的表现形式，而在于能展现丰富多样的用户界面、能提供深度的用户交互等。因此，富媒体数字教材是在多媒体数字教材的基础上，利用媒体标记语言、脚本控制语言等增强媒体资源的交互性，实现媒体数据之间的交换的一种数字教材。这种类型的数字教材不仅整合了多种媒体类型，而且还融入沉浸式技术、人工智能技术等新技术，实现丰富多样的表现形式，如三维展示、增强现实、虚拟仿真等，实现学生与媒体资源之间自然丰富的人机交互，提升学生的沉浸感、参与度和资源黏合度。富媒体数字教材具有强大的信息表现能力和交互特性，能够创设更加复杂、真实的教学情境，支持泛在情境下的自主学习和课堂环境下的互动教学。

思考·讨论

观看视频"苹果公司 iBooks"，感受富媒体数字教材的特点，并思考三种类型的数字教材在小学教学应用中的适应性。将你的观点记录下来，并与其他学习伙伴进行交流讨论。

视频链接：https：//www.bilibili.com/video/BV1jg411L7yU/？spm_id_from＝333.337.search-card.all.click.

◤ 资料链接

数字教材新发展——智能型数字教材

智能型数字教材是数字教材发展到智能时代的新产物。张治等人认为，智能型数字教材是以数字教材和智能学习平台为支撑，以提升教学效率和个性化为目的，具有知识结构图谱化、资源组织系统化、学习数据可视化、学习管理智能化的形态特征，集成智能终端、数字化资源、教与学工具、学习社群、学习路径规划、教学策略实现等的组合系统，其本质是基于数字教材的自适应学习系统。

1. 知识结构图谱化

在智能型数字教材中，利用知识图谱技术，可以对学科知识体系中分割的、松散的知识点进行提炼、抽取、组合，结构化表示知识点及知识点之间存在的前后承继关系，作为诊断学习者学科知识点掌握的底层依托。

2. 资源组织系统化

在智能型数字教材中，课件、微课、题库、VR教学资源、视频、音频等系统化地组织在一起，呈现出非结构化、精准化、个性化、动态化的特征，为学生个性化学习与教师教学提供了重要支撑。

3. 学习数据可视化

在智能型数字教材中，首先，系统会借助图像识别、语音识别、手势识别、人脸识别、情感识别等技术，收集大数据环境下的学习者特征，精准地描绘学习者画像，勾勒出学习者的学习地图、能力模型和能力图谱，准确识别和判断学习者状态。其次，系统可对学习者学习教材的开始时间、离开时间、学习内容、测评结果等关键指标进行全程记录，深度挖掘学生学习过程轨迹，利用可视化分析技术，实现过程数据的可视化，以利于对学习者的学习路径进行分析。最后，系统可以建立学习风险预测模型，并进行个性化学习补救内容推送。

4. 学习管理智能化

在智能型数字教材中，可借助教育大数据、机器学习、学习分析、自适应、情感计算等技术，实现对学习者行为、认知、情感状态的全过程、全方位跟踪，帮助教师根据每个学习者的学习进程和效果反馈，提供更精细、有效、智能的个性化学习管理服务。

资料来源：张治，刘德建，徐冰冰．智能型数字教材系统的核心理念和技术实现［J］．开放教育研究，2021（2）：44-54．

第三节 数字教材的应用方法

数字教材是一种优质的、系统的、科学的数字教育资源，其规模化应用是优质数字教育资源普及应用的一种有效方式。为统筹做好数字教材应用全覆盖工作，提高国家课程数字教材应用质量，近年来，上海市、广州市、佛山市、珠海市等教育行政部门先后出台相应的实施方案，加快推进国家课程数字教材规模化应用。课堂是数字教材应用的主阵地，通过数字教材规模化应用，积极探索数字教材与教学融合的新模式、新方法、新课堂。本节将介绍几种数字教材的主要应用方法。

一、基于数字教材的情境教学

情境教学是在教学过程中，教师有目的地创设与课程内容相关的具体情境，引起学生的兴趣，启发学生的思考，从而帮助学生建构知识意义的教学方法。情境教学是学生主动建构知识的过程，通过适宜的教学情境为学生提供丰富的学习素材，促进学生主动探究和思考；是学生应用知识的过程，通过适宜的教学情境为学生提供生动的学习材料，促进学生灵活运用所学知识解决问题；是促进学生健康情感发展的过程，通过适宜的教学情境为学生提供带有情绪色彩的信息，促进学生正确地对待自己、他人和环境，培育积极的人生态度[①]。

（一）基于数字教材的情境教学环节

情境的设计是情境教学的核心。教学情境可以包括真实生活情境、问题情境、实验情境、实物情境、虚拟现实情境（VR 情境）等不同类型。利用数字教材呈现情境主要有三种作用机制：一是呈现以知识关联为目标的情境，学生需要挖掘情境背后的知识联系；二是呈现以问题解决为目的的情境，学生需要构想问题解决的方法；三是呈现以情感感化为目的的情境，学生需要感悟情境的深层含义。

结合数字教材的特点，基于数字教材的情境教学由四个环节构成（见图 8 - 2）：

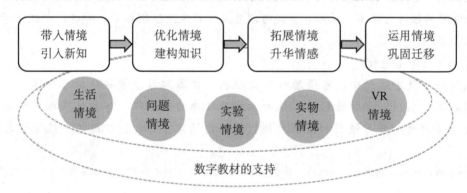

图 8 - 2　基于数字教材的情境教学环节

1. 带入情境，引入新知

通过数字教材展现生活场景、再现事物发展过程、展示动画故事等手段将学生带入鲜活的教学情境，调动学生的热情和乐趣，引入新课内容。

2. 优化情境，建构知识

根据学生的特点和所教内容，利用课件串联数字教材资源，为学生创造参与、体验的优化情境；根据情境提出问题，启发学生深度思考，帮助学生建立知识之间的意义联结。

---

① 陶西平 . 新时代教育改革的壮丽画卷：从情境教学到情境教育 ［J］. 中国教育学刊，2016（10）：1.

3. 拓展情境,升华情感

利用数字教材呈现知识延伸的拓展情境,引导学生感悟知识学习的价值,激发内心的积极情绪,树立正确的情感价值观。根据不同内容的教学要求,有时候"优化情境,建构知识"会与"拓展情境,升华情感"相互融通与交织,其目的是增强知识的情境性和实用性,丰富学生的情感体验和精神世界。

4. 运用情境,巩固迁移

利用数字教材呈现问题解决的情境,引导学生运用所学知识解决问题,巩固知识的理解,促进知识的迁移。

思考·讨论

观看"从平面走向立体——数字教材助力提升道德与法治课堂能效的实践应用"说课视频,分析教师是如何利用数字教材实现情境设计的?将你的观点记录下来,并与其他学习伙伴进行交流讨论。

视频链接:https://v.youku.com/v_show/id_XNDk4ODE4OTEzNg==.html.

(二)基于数字教材的情境教学案例

以小学语文"传统节日"一课为例①,其教学目标包括三个方面:(1)知识目标:能认"传""统""贴"等15个生字,会写"贴""街""舟"等9个生字以及"节日""春节""花灯"等12个词语;能正确、流利、有感情地朗读课文,并在此基础上背诵课文;能在熟读课文的基础上,按照时间顺序排列节日,了解中国传统节日及其丰富的习俗活动。(2)能力目标:能联系生活,说说自己是如何过节的,逐步建立语言表达的自信心。(3)情感目标:能在了解中国传统节日起源的基础上,感受中华传统节日文化的博大精深;能在诵读课文的基础上,获得初步的情感体验,感受语言的优美。该案例的具体教学过程为:

在"带入情境,引入新知"环节,教师首先设计"看图画,猜节日"的热身活动,调动学生的积极性,激活学生已有的生活经验。接着播放数字教材中"传统节日"一课的动画,带着学生进入教学情境。

在"优化情境,建构知识"环节,教师根据传统节日的顺序,依次在数字教材中呈现相应的描写传统节日的句子,并提出问题,启发学生思考。例如:"春节到了,人们喜欢做些什么呢?""元宵节到了,人们喜欢做什么呢?""清明节到了,人们会做什么呢?""端午节到了,人们会做什么呢?""七夕节有哪些传统习俗呢?""中秋节有什么传统习俗呢?""重阳节到了,人们会做什么呢?"学生在诵读课文的基础上,联系生活经验,对问题做出积极回答,逐步增强对中国传统节日的时间认识、习俗认识。

在"拓展情境,升华情感"环节,教师利用数字教材的课件资源,展示端午节的屈原故事、七夕节的牛郎织女传说、重阳节的来历等,拓展延伸中国传统节日的知识,让

① 该案例选自广东省汕尾市陆丰市东海镇红卫学校周少娟老师主讲的"传统节日"(数字教材应用示范课例)。

学生真切感受到中华传统文化的丰厚博大，逐步形成传承与弘扬中华传统文化的情感意识。

在"运用情境，巩固迁移"环节，教师利用数字教材呈现"看图片，填写节日"以及"给节日排列顺序"的趣味习题（见图8-3），帮助学生巩固所学的知识，加深知识内化。

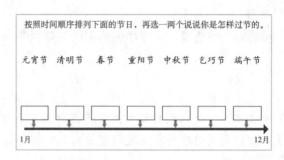

按照时间顺序排列下面的节日，再选一两个说说你是怎样过节的。

元宵节　清明节　春节　重阳节　中秋节　乞巧节　端午节

图8-3　教师利用数字教材呈现习题，创设知识运用的情境

思考·讨论

观看小学道德与法治"一场穿越时空的对话"课例，参照基于数字教材的情境教学环节，分析该课例的教学过程，并与其他学习伙伴进行交流讨论。

课例链接：https://www.gdtextbook.com/educationWord/webApp/classroom/vedio.html?type=4&id=909.

二、基于数字教材的翻转课堂

在前面的章节学习中，我们已经掌握了翻转课堂的本质内涵，就是通过颠倒"知识传授"与"知识内化"两个学习过程，高效利用课堂时间，充分发挥学生学习的主动性，实现对传统教学模式的重组与创新。数字教材的灵活开放性能较好地支持翻转课堂的开展。

（一）基于数字教材的翻转课堂教学环节

结合数字教材的特点，基于数字教材的翻转课堂教学由三个环节构成（见图8-4）。

1. 前置预学，诊断评价

课前，教师根据课程标准与学生的发展水平，在数字教材平台中选择适切的资料，设计相应的学案，发布预习任务到学生的终端设备。学生在一定的时限内查阅资料并完成学案。教师通过数字教材查看学生课前预习任务的完成情况，精准把握学生的预习情况，明确教学重点和难点。

2. 以学定教，内化知识

课中，教师根据学生的预学情况，利用数字教材的富媒体与强交互特性，组织多样化的教学活动，促进学生对知识进行内化。例如：利用精细化语义标注工具，对数字教材中

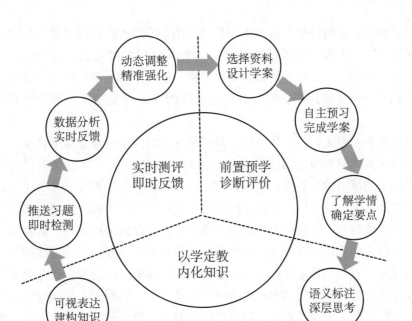

图 8-4　基于数字教材的翻转课堂教学环节

的内容和资源进行拆分或整合,引导学生进行聚焦分析与深层思考;为学生提供交互工具,引导学生利用数字教材开展互动探究;利用数字教材的媒体资源,创设交流的情境,引导学生合作讨论;利用概念图、思维导图等可视化工具,引导学生对知识内容进行可视化表达,构建清晰的知识结构体系。

3. 实时测评,即时反馈

课中,教师利用数字教材平台为学生推送不同形式的练习测试,如习题、情境训练、实践与实验操作应用等,精准把握教学活动的动态发展过程,及时调整教学策略。通常,不同形式的实时测评,其反馈机制也是不同的。如,练习知识性习题的学生可以将习题答案通过终端提交反馈给老师,解决情境问题的学生可以将解决方案实时推送给教师。教师在数字教材中可即时查看学生的测评情况,以便对薄弱知识进行补充讲解和强化训练,对知识重点、难点进行总结和点评。

(二)基于数字教材的翻转课堂教学案例

以小学数学"平行四边形的面积"一课为例,其教学目标包括三个方面:(1)知识目标:能理解并掌握平行四边形的面积计算公式,会用平行四边形的面积公式正确计算平行四边形的面积;能掌握割补转化的数学思想。(2)能力目标:通过猜想、操作、观察、比较,经历平行四边形面积推导的过程,发展几何直观与空间观念。(3)情感目标:感受数学与生活的联系,建立数学应用的意识,体会数学知识的价值。该案例的具体教学过程为:

在"前置预学，诊断评价"环节中，教师利用数字教材平台推送"平行四边形面积计算"的微课和学案，作为学生课前预学任务。微课内容主要包括：对"面积"概念的回顾、对"长方形面积公式"推导的回顾、用数格子的方法估测平行四边形面积、将平行四边形转化为长方形来计算面积。学生在一定时间内完成预学任务，上传学案至数字教材平台。

在"以学定教，内化知识"环节中，教师呈现全班同学完成学案的情况，发现学生对运用转化思想来解决平行四边形面积存在疑惑的学生有 12 人，不理解平行四边形与长方形之间线段等量关系的学生有 10 人。在课堂上，教师重点围绕如下三个问题，借助数字教材进行进阶式教学。（1）呈现用格子图表示的平行四边形，提出问题：如果用数格子的方法求平行四边形面积，不满一个的都按半格计算，这种数法准确吗？启发学生思考利用割补转化的思想求解平行四边形面积的必要性。（2）推送交互学具，提出问题：如何把平行四边形转化为长方形？学生尝试用割补法剪切、拼接平行四边形，转化为长方形，并拍照上传。教师将成功的剪拼图和失败的剪拼图投屏对比，以圈点、勾画标注的方式，指出剪拼图失败的原因在于没有沿着平行四边形的高剪开，进而引导学生掌握运用割补法求解平行四边形面积的重点。（3）呈现平行四边形转化为长方形的动态图，提出问题：原平行四边形与转化后的长方形之间存在哪些等量关系？帮助学生观察、寻找、建立平行四边形的底与转化后的长方形的长、平行四边形的高与转化后的长方形的宽之间的等量关系，进而理解平行四边形面积公式的推导。

在"实时测评，即时反馈"环节中，教师出示两类习题：求解已知底和高的平行四边形、求解未知底和高的平行四边形。学生在作业本上规范书写公式，求解平行四边形面积，并拍照上传解题过程。教师实时查看学生提交的练习完成情况，并做出有针对性的点评。最后，教师在数字教材平台呈现知识运用的情境：学校正值 100 周年校庆，请同学们设计一个面积为 60 平方厘米的平行四边形"纪念书签"，并绘上精美的校园特色景物。鼓励学生学以致用，运用平行四边形面积解决现实生活中简单的问题，建立数学与生活的联系。

三、基于数字教材的探究性学习

在前面的章节学习中，我们已经明确探究性学习有着不同的类型。各种类型的探究性学习都是教师在理解科学探究精神的基础上，在自由创设的、有结构的、能促进学生认知与情感发展的教学情境中，让学生自主、独立地进行发现问题、实验、操作、调查、信息收集与处理、表达与交流等探索活动，以获得知识、能力和情感的发展。

（一）基于数字教材的探究性学习环节

结合数字教材的特点，基于数字教材的探究性学习由五个环节构成（见图 8-5）。

1. 创设情境，设疑激趣

教师利用数字教材中丰富的视频、图片、文字、动画等立体资源创设教学情境，巧妙设计问题，引起学生认知冲突，激发学生的探究兴趣。

2. 新知学习，建构意义

围绕问题，教师组织学生利用数字教材的相关资源，通过观察、分析、提炼等认知活动发现并学习资源中隐含的知识，进而逐步建构知识的意义，为探究活动奠定知识基础。

3. 大胆猜想，建立假设

教师利用思维导图、标签云等可视化工具，支持学生开展头脑风暴，对问题进行分析。学生利用上一阶段所学的知识对要探究的问题做出大胆猜想。在这个过程中，学生既可以与同伴相互讨论，也可以向教师提问，以分析猜想的合理性，明确假设及其依据。

4. 设计方案，论证猜想

教师引导学生提出探究思路，设计问题解决方案，利用数字教材的虚拟实验、学科工具、电子课件等进行探究，记录探究过程，形成探究结果，以可视化形式进行表达，实时共享到数字教材中。

5. 点评分析，反思总结

教师引导学生对数字教材中的共享探究结果进行多种形式的自评与互评，组织学生交流讨论，对探究结果做出合理分析与评价。最后，教师引导学生对探究问题、探究过程、探究结果进行反思，帮助学生归纳与总结知识。

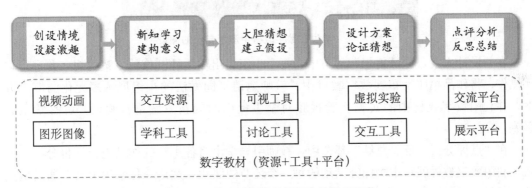

图 8-5 基于数字教材的探究性学习环节

（二）基于数字教材的探究性学习案例

以小学二年级科学"磁铁玩具"一课为例①，其教学目标包括三个方面：（1）知识目标：能认识常见的几种磁铁（如条形磁铁、蹄形磁铁、环形磁铁等）及其在生活中的应用，能理解磁铁中同极相斥的特性。（2）能力目标：通过设计磁铁玩具，提高分析判断、动手操作的能力；在小组探究的过程中，提高与人沟通、与人合作的能力。（3）情感目标：通过动手制作磁铁玩具、表达设计构思等，逐步形成严谨科学的态度。该案例的具体教学过程为：

在"创设情境，设疑激趣"环节中，教师利用数字教材展示生活中使用了磁铁的文具、玩具等视频和图片，创设出磁铁在生活中广泛应用的真实情境。以"蹦蹦蛙"的磁铁玩具为例，教师播放磁铁玩具的视频，并提出问题："为什么蹦蹦蛙没有自带弹簧，却能

① 该案例选自广东省广州市体育东路小学兴国学校司徒敏老师主讲的"磁铁玩具"（数字教材应用示范课例）。

在木棒上上下弹跳呢？"激起学生的探究欲望。

在"新知学习，建构意义"环节中，学生继续观察蹦蹦蛙的内部结构分解视频，教师通过多轮提问，引导学生找出蹦蹦蛙玩具的设计奥秘在于利用磁铁的同极相斥特性。

在"大胆猜想，建立假设"环节中，教师发布"做一个磁铁蹦蹦玩具"的任务，在数字教材中展示所需的工具与材料，呈现出制作与测试的流程，为学生搭建起任务支架。学生通过小组合作的方式，共同讨论，设想如何利用磁铁同极相斥的原理制作蹦蹦蛙。教师邀请一位学生上台，通过对数字教材中的磁铁图片进行标注的方式，分享观点（见图 8-6）。

图 8-6 学生在数字教材中演示自己的假设

在"设计方案，论证猜想"环节中，每个小组提出蹦蹦蛙制作的方案构想，并进行动手操作，将作品拍照发布到数字教材中。教师邀请不同做法的小组展示多元化的解决方案，并利用数字教材中的实物实验视频对学生提出的创新方案进行验证，解答学生的疑惑。

在"点评分析，反思总结"环节中，教师引导学生对各小组的作品进行评价分析。最后，利用数字教材展示本次探究活动的每一个环节的照片，邀请一位学生上台，通过拖拽的方式复盘回顾探究过程，达到知识总结的目的。

思考·讨论

观看小学科学"生物的启示"课例，参照基于数字教材的探究性学习环节，分析该课例的教学过程，并与其他学习伙伴进行交流讨论。

课例链接：https：//www.gdtextbook.com/educationWord/webApp/classroom/vedio.html？type=4&id=459.

四、基于数字教材的跨学科学习

2022 年，教育部发布《义务教育课程方案（2022 年版）》，指出"基于核心素养培养要求，明确课程内容选什么、选多少，注重与学生经验、社会生活的关联，加强课程内容的内在联系，突出课程内容结构化"，并明确要求"各门课程用不少于 10% 的课时设计跨学科学习"①。跨学科学习是学生通过整合两种及两种以上学科或专业知识体系，来实现单一学科内容不能达到的解决问题、解释现象的目的，是个人和群体在两种及两种以上学科领域整合观点和发散思维模式，促进对跨学科问题理解的过程②。产生跨学科理解、运用学科思维、实现学科整合是跨学科学习的基本特点和判断标准③。

（一）跨学科学习的层次

根据学科间知识整合的程度及其与真实生活世界联系的程度，跨学科学习的实施有三种层次，分别是：学科合作、学科统整、学科融合④。

1. 学科合作

学科合作，即保留学科的界限和基本逻辑体系，在某些主题上建立的一种多学科学习。其目的是让学生能够运用多学科视角理解同一主题。例如，当小学数学涉及时、分、秒的内容时，可以关联语文中有关珍惜时间的诗词的内容，还可以关联道德与法治中有关如何做好时间规划的内容。这样，"时间"就成为数学、语文和道德与法治学科合作的主题。再比如，当小学语文学习"升国旗"一课时，可以关联儿歌"国旗国旗真美丽"，还可以关联道德与法治中有关热爱祖国的内容。这样，"国旗"就成为语文、音乐和道德与法治学科合作的主题。

2. 学科统整

学科统整，指的是将两种或两种以上学科整合起来，形成新的"跨学科逻辑"，促进学生"跨学科理解"。目前许多小学借鉴国际上 STEAM（科学、技术、工程、艺术、数学）课程的成功经验，立足本校的特色文化建设，尊重学生的学习需要，开展的丰富多样的"STEAM 特色课程"，正是学科统整的表现形式。例如，广东省广州市天河区华阳小学开展的"AI 都市小农夫"项目，围绕着"如何开展 AI 种植"的问题，从"植物种植需要什么条件"、"如何动态监控和调节植物种植"以及"如何分析植物种植状态"三个方面有机统整了科学中有关植物种植影响因素（光照、水、土壤等）的内容、信息技术中有关传感器（光敏传感器、温湿度传感器、水位报警器等）的内容、数学中有关数据处理与分析的内容。

3. 学科融合

学科融合，是指完全融合学科，以真实生活主题或问题为内容的学习。这种跨学科学习是一种带有研究性质的学习，以解决真实问题为出发点，融合学科与社会，发展学生的创新精神、实践能力和社会责任感。这种跨学科学习的层次最高，需要学生具备良好的问题解决能力。

（二）基于数字教材的跨学科学习实践

数字教材既保持了纸质教材的版式，又嵌入了丰富适切的富媒体资源，有效满足了师

① 中华人民共和国教育部. 义务教育课程方案（2022 年版）［S］. 北京：北京师范大学出版社，2022：11.

② MANSILLA V B. Learning to synthesize：the development of interdisciplinary understanding ［M］. // FRODE-MAN R J，KLEIN T，MITCHAM C. The Oxford handbook of interdisciplinarity. Oxford：Oxford University Press，2010：288 - 306.

③ 张华. 论理解本位跨学科学习［J］. 基础教育课程，2018（22）：7 - 13.

④ 张华. "跨学科学习"：意义与策略［J］. 江苏教育，2020（11）：23 - 28.

生开展跨学科学习的优质数字教育资源的需求。教师能够根据教学要求，按照教材目录、资源类型等筛选目标资源，整合数字教材平台内所有学科、学段的优质数字教育资源，便捷实现跨学科教材、资源的聚合。

以小学语文"七律·长征"一课为例①。《七律·长征》这首诗生动概述了红军二万五千里长征的艰难历程，是一首关于革命题材的诗。为避免传统课堂说教式教学，增加学生的感性认识，将革命传统教育自然融入语文教学中，该节课教师组织学生开展基于数字教材的跨学科学习。课前，教师为学生精选地理数字教材中"中国的自然环境"章节的部分内容，引导学生初步了解红军长征沿线地形及地貌分布、红军长征关键事件发生地点等，通过阅读地图、理解图表，建构一定的时空观念。课中，教师利用语文数字教材的示范音频、视频资源，带领学生反复诵读和感受诗歌节奏的铿锵有力、语言的凝练及气势的磅礴，并跨越到历史数字教材中"中国工农红军长征"章节的部分内容，通过图片和视频了解红军翻过的第一座大雪山——夹金山等相关历史事件，补充史实背景，增强学生对长征的感性认识，帮助学生建立起正确的历史观念。课后，学生到校外的历史博物馆参观、研学，撰写研学报告分享至数字教材平台。下一节课时，教师组织学生进行交流展示，加深学生对革命志士不怕艰难困苦、勇敢乐观、抛头颅洒热血的大无畏的革命英雄主义气概的理解，以及对今天幸福生活来之不易的感悟。

■ 资料链接

数字教材的区域应用——以上海市为例

为探寻促进教育信息化应用的有效抓手，上海市教育委员会组织研发了中小学各学科数字教材，从2014年9月的15所实验学校参与应用研究逐渐扩展到2018年的10个区、117所学校，取得了显著的应用成效。通过分析优秀教学案例的教学流程，提炼操作要点，上海市学校形成了三类体现"技术与教学融合"的数字教材应用方式。

1. 以"丰富的资源支持"为核心的自主学习方式

在应用数字教材时，教师关注学生的个性化需求，提供分层或分类的任务做引导，以适应不同学习能力的学生的需要。同时，教师提供充足的资源支持，或提供获取资源的不同路径，满足不同学习风格的学生的需要。

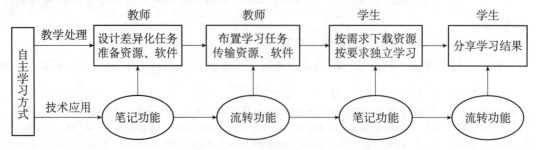

① 罗巧玲. 义教新课标视域下数字教材助力跨学科学习的应用实践：以人教语文数字教材为例 [J]. 中小学数字化教学，2022（8）：49-52.

2. 以"充分的结果分享"为关键的互动交流方式

在这种交流方式下，教师有意识地发现典型的学习结果，借助技术可视化地呈现，引导学生比较异同、相互借鉴、深度思考、充分交流，进而修改完善自己的学习结果。

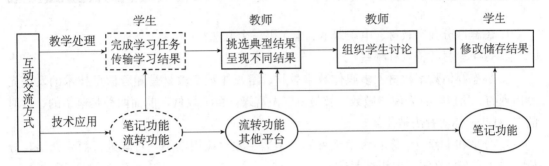

3. 以"精准的数据分析"为基础的诊断改进方式

在应用数字教材时，教师特别关注对数据的精准分析，即在系统提供练习结果数据的基础上，深度分析数据，准确判断学情，并有针对性地调整后续教学策略。

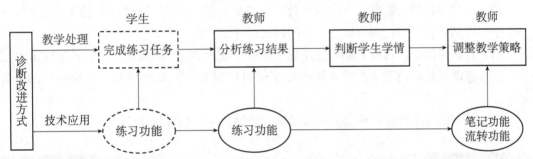

资料来源：张新宇，刘嘉秋．优化数字教材应用 支持教学方式深度转型：上海市系统推进数字教材应用研究［J］．中小学数字化教学，2018（1）：76-78.

阅读导航

1. 数字教材与电子书包发展研究项目组．中国基础教育数字教材与电子书包发展研究报告［M］．北京：人民教育出版社，2017.

2. 上海市教育委员会教学研究室．数字教材应用的上海实践［M］．上海：华东师范大学出版社，2020.

3. 王钰．数字教材内容组织研究：基于认知负荷理论视角［M］．武汉：武汉大学出版社，2022.

4. 胡畔，王冬青，许骏，等．数字教材的形态特征与功能模型［J］．现代远程教育研究，2014（4）：93-98.

5. 张治，刘德建，徐冰冰．智能型数字教材系统的核心理念和技术实现［J］．开放教育研究，2021（2）：44-54.

思考与作业

1. 怎样区分数字教材、电子课本、电子书三个概念？

2. 数字教材的特点有哪些？

3. 静态媒体数字教材、多媒体数字教材、富媒体数字教材是随着信息技术的发展先后出现的。所以，有人说"做数字教材就要做富媒体数字教材，前面两种是落伍的、过时的"。对此，你的看法是什么？

4. 分享和推荐一个你心目中优秀的小学数字教材应用案例，对其进行简要介绍与分析，并注明案例来源，说明推荐理由。

5. 如何理解跨学科学习？数字教材对跨学科学习的支持作用表现在哪些方面？

6. 除了本章节介绍的数字教材应用方法外，你认为数字教材还有哪些创新应用方法？

7. 挑战性作业：设计实践题。

请登录"粤教翔云数字教材应用平台"的"新课堂"或"培训课程"模块，任意选择一个小学课例进行观摩，围绕以下三个问题进行详细分析：

（1）在该课例中，教师是如何使用数字教材开展教学的？以流程图的方式加以描述。

（2）该课例是否属于本章节介绍的数字教材应用方法？如果不是，请说说你的分析依据。

（3）倘若由你来设计，你会如何设计呢？请说说你的想法与建议。

学习反思

根据本章的学习情况，请您利用 P-M-I-Q 反思框架进行自我反思，并做好记录。

反思框架			
P（plus） 我已经学懂的内容	M（minus） 我尚未学懂的内容	I（interesting） 我感兴趣的内容	Q（question） 我感到疑惑的问题
1. 2. 3.	1. 2. 3.	1. 2. 3.	1. 2. 3.

工具应用篇

📍 导读概览

　　工欲善其事，必先利其器。在现代信息技术与小学教学深度融合的过程中，除了发挥优质数字教育资源的赋能作用外，信息化教学工具的介入与支持也必不可少。有效运用各种信息化教学工具，不仅可以优化课堂教学，提高教学效率，提升教学质量；而且可以支持学生学习，激发学生学习兴趣，提高学习效能。与数字教育资源不同，信息化教学工具一般不直接表现教学内容，而是为教与学活动提供功能性服务，支持教师诊断学情、组织活动、管理教学，支持学生知识建构、深度互动、学习评价。

　　信息化教学工具的种类繁多，若从教学适用范围的角度进行划分，信息化教学工具主要有学科教学工具和通用学习工具。在学科教学工具方面，随着模式识别、知识图谱、自然语言处理、机器学习等人工智能技术的发展，智能学科教学工具不断涌现。在通用学习工具方面，根据教学功能的不同，信息化教学工具可以分为思维工具、协作交流工具、情境探究工具、教学评价工具等类型。其中，以概念图和思维导图为代表的思维工具、以问卷星为代表的教学评价工具的应用最为广泛。这些信息化教学工具作为帮助学生理解、分析、建构知识的学习支架，为个性化学习、可视化学习、数据驱动教学等提供基础。那么，什么是智能学科教学工具？如何应用智能学科教学工具？什么是概念图和思维导图？如何应用概念图和思维导图？什么是教学评价工具？如何应用教学评价工具？对于这些问题的思考与解答，有助于树立"工具赋能"的技术观，以学习需求为导向，合理选择和有效应用信息化教学工具。

第九章

智能学科教学工具的应用

学习目标

1. 能准确陈述智能学科教学工具的概念与特点；

2. 能列举智能学科教学工具的类型；

3. 能掌握智能学科教学工具的应用方法；

4. 在体验探索、案例分析、问题讨论、实践应用的活动中，增强对智能学科教学工具赋能小学课堂教学的价值认同，增强应用智能学科教学工具小学创新课堂教学的主动意识。

问题导入

2019 年 4 月，教育部发布《关于实施全国中小学教师信息技术应用能力提升工程2.0 的意见》，旗帜鲜明地指出"充分利用互联网、大数据、人工智能等新技术成果助推教师专业发展"。该意见的出台，是针对当前和今后一段时期内教师信息技术应用能力提升的现实需要，是培养高素质教师队伍、推动教育信息化内涵式发展的战略性举措，是贯彻落实党中央、国务院全面深化新时代教师队伍建设改革重大决策部署的工作举措。自此，各省市区教育行政部门积极探索如何提升教师应用人工智能技术创新教育教学的研究与实践。其中，智能学科教学工具的应用是一个很好的切入点。请您从小学教学应用的角度思考：

1. 什么是智能学科教学工具？

2. 智能学科教学工具有哪些？

3. 如何应用智能学科教学工具开展教学？

2019 年 5 月，习近平主席向国际人工智能与教育大会致贺信，指出人工智能是引领新一轮科技革命和产业变革的重要驱动力，正深刻改变着人们的生产、生活、学习方式，推动人类社会迎来人机协同、跨界融合、共创分享的智能时代。他还强调，中国高度重视人工智能对教育的深刻影响，积极推动人工智能和教育深度融合，促进教育变革创新。目前，人工智能技术正在深度融入小学教育，不仅是课程教学新内容，而且是教学应用新工具。帮助教师把握人工智能技术发展动向，推动教师积极运用人工智能技术，改进教育教学，是新时代教师信息技术教学应用能力的新要求。

第一节　智能学科教学工具的概念与特点

随着人工智能与教育的融合发展，市面上涌现出了一系列智能学科教学工具。这些工具从技术赋能的角度，创新教学服务体验，在支持小学学科教学上显现出前所未有的优势。熟练掌握和灵活运用智能学科教学工具是实现人工智能与学科教学融合的基本前提。那么，如何理解智能学科教学工具呢？

一、智能学科教学工具的概念

智能学科教学工具是指根据学科教学需要，运用人工智能技术模拟、替代、延伸人的智力，为学生提供智能化、个性化、泛在化学习并具有较强认知功能的计算机程序。

智能学科教学工具的涌现及在小学教学中的应用不断深化，为因材施教的实现提供了土壤与条件。首先，通过采集学生知识水平、认知特点、学习风格等数据，利用数据挖掘技术对学生学习动态建模，形成学生画像，助力教师分析学生个体差异，实现精准诊断；其次，借助模式识别、自然语言处理、机器学习等技术实时测评与反馈学生的学习情况，实现精准评估；最后，基于学科知识图谱与个性化推荐等技术，为学生构建个性化学习路径，推送个性化学习资源，帮助教师调整教学策略，实现精准施教。

二、智能学科教学工具的特点

智能学科教学工具的有效应用能够改善教学效果，提高学习效能，尤其是在促进学生高阶思维能力发展和深度学习等方面，具有积极的作用。其特点主要表现在如下三个方面：

1. 便捷高效

智能学科教学工具是为满足某一个学科、某一方面知识的学习需要而设计的，具有针对性强、便捷高效的特点。例如，在小学数学教学中，口算类的智能工具（如小猿口算、爱作业等）可以支持口算题拍照批改、错因分析以及错题收集，尤其是高频错题收集，大大减轻了教师重复性批改作业的负担，提高了学生口算训练的效率。又如，在小学体育教学中，跳绳类的智能工具（如天天跳绳）可以通过摄像头捕捉学生跳绳的动作，自动记录跳绳的次数，判断跳绳动作规范与否，提高学生跳绳训练的效率。

2. 交互性强

智能学科教学工具具有一定的感知、思考、推理等认知功能，能让学生进行整个学习过程的自我调控和安排，帮助学生更好地实现知识建构。例如，在小学科学教学中，教师可以利用智能学科教学工具组织学生在校园里进行植物探究的综合实践活动。学生借助"形色"这一智能工具，可以在校园任何一个角落，精准识别植物的种类、名称、特性等，完成探究性学习任务，在真实情境中建构起植物的相关知识。再如，在小学英语教学中，教师可以利用口语训练类智能工具（如腾讯英语君）创设模拟的会话情境，让学生通过语音交互、文字交互和图形界面交互等多样人机交互方式进行对话训练，增强学生英语口语表达的自信心。

3. 个性化强

智能学科教学工具可以基于全过程动态学习数据分析，对每个学生的学业和综合素质发展进行个性化诊断，推荐适合每个学生的发展规划建议，助力每个学生实现个性化发展。目前，基本上大部分智能学科教学工具都能记录学生的学习轨迹，呈现个性化学习与成长报告，就好比一个"个性化学习成长档案"，便于学生把握自己的学习成长变化。

第二节　智能学科教学工具的类型

不同学科的教学需要不尽相同，从学科的角度进行划分，常见的智能学科教学工具有：语文学科智能教学工具、数学学科智能教学工具、英语学科智能教学工具和其他学科智能教学工具，它们分别为语文、数学、英语及其他学科教学进行不同程度的赋能。

一、语文学科智能教学工具

在小学语文教学中，字词拼写、课文朗诵、篇章阅读、写作训练是基本的教学内容。借助语文学科智能教学工具，可以实现生字词智能化听写、拍照智能朗读、朗读智能测评、智能语音助读、阅读能力智能诊断、作文智能批改等。表9-1列举了部分语文学科智能教学工具。

表9-1　部分语文学科智能教学工具

名称	功能
出口成章	1. 人工智能朗读评测：从准确度、流利度、清晰度、音量、语速五个维度提供评测，并提供改进建议 2. 海量经典诵读内容，助力学生学习中国优秀传统文化 3. 多款趣味学习课程，帮助学生识汉字、玩诗词、学成语
柠檬悦读	1. 阅读能力测评 2. 智能匹配阅读内容，支持关联式群文阅读、主题式阅读等 3. 智能语音助读，对阅读中遇到的生词、难句提供"在线词典"的语音解答 4. 提供多维阅读数据分析报告，助力自适应阅读

续表

名称	功能
作文批改（学生版）	1. 拍照批改作业，实时反馈结果 2. 提供学情报告，呈现语文写作能力图谱

二、数学学科智能教学工具

由于数学学科知识具有很强的逻辑性，内容结构化程度高，且解答思路相对固定，所以，基于机器的学习可以实现对数学学科知识的训练和测试题的数据集训练。在小学数学教学中，利用数学学科智能教学工具可以比较容易实现题目智能批改、错题原因分析、AI教师讲题、习题精准推送等，支持口算训练、题型讲解、错题复习等教学内容。表9-2列举了部分数学学科智能教学工具。

表9-2 部分数学学科智能教学工具

名称	功能
爱作业	1. 支持识别各种练习本、出版物、手写及打印等多种形式的题目 2. 支持口算题和应用题拍照批改 3. 支持屏幕手写输入答题结果 4. 提供错题收集（含同校高频错题集），以及错题原因分析
小猿口算	1. 支持拍照批改，判断对错 2. 识别多种题型，给出错题解析 3. 呈现高频错题集及错题解析 4. 提供学习分析报告
数感星球	1. 动画智能讲解，专属 AI 教师，支持沉浸式体验 2. 以游戏化方式呈现练习，即时判断对错，对错题进行简要讲解 3. 拍照批改，实时错题讲解

三、英语学科智能教学工具

在小学英语教学中，听、说、读、写是基本的教学内容。但是，由于在日常学习中缺乏良好的口语表达环境以及难以得到准确反馈，学生在学习英语时往往出现"不敢说""听不懂""不会读""不懂写"等问题。融入了语音识别、自然语言处理等技术的英语学科智能教学工具，为解决英语学习的问题提供了新思路。借助英语学科智能教学工具，可以实现拍照识别单词和翻译、实时语音翻译、智能听写单词、智能对话训练、阅读能力智能诊断、作文智能批改等。表9-3列举了部分英语学科智能教学工具。

表 9-3 部分英语学科智能教学工具

名称	功能
AI 听写	1. 支持拍照取词和手动录词，建立海量词库 2. 支持单词精准查询、标准发音 3. 选中等级随机出词，自由开启多种听写模式（如独立作答、伙伴对战等） 4. 支持纸笔拍照、屏幕手写、智能笔书写等答题形式 5. AI 智能批改，自动判断单词书写正确与否 6. 支持单词的口语测评
慧满分	1. 支持智能英语词汇测试 2. 提供主题式会话情境，支持智能口语训练 3. 跟踪记录知识点薄弱环节，呈现个性化知识图谱与能力图谱，支持动态规划学习轨迹 4. 通过高清近距离摄像头动态感知用户六种表情和课程专注度，实时记录学生的学习状态
慧语法	1. 根据知识薄弱点，实现智能推题 2. 错题记录与相似题推送，支持智能匹配学习与针对性复习 3. 语法点模糊搜索，快速定位，动画视频生动讲解
腾讯英语君	1. 考纲词、重点句、常用语多重归纳，紧扣课标，实现联想关联 2. 从准确、完整、流畅三个维度智能诊断口语发音，纠弱点，讲要领 3. 课文听读任务快捷布置，智能评阅作业 4. 支持拍照识别课文，看视频、听讲解 5. 提供班级学貌统计、学生学情反馈，助力教师高效调整教学方法和计划
英语流利说	1. 每日推送经过系统编排的地道美语对话，供学生跟随练习 2. 对话内容覆盖生活、旅游、学习等各类场景，设置不同的难易程度，注重系统性和进阶性 3. 支持口语实时评分 4. 从真实对话入手，带动词汇、语法的口语表达，真正解决在各类实际对话场景中说什么话、怎么说的问题

四、其他学科智能教学工具

除了语文、数学、英语之外，诸如科学、信息技术、体育、音乐等学科教学，也有一些相关的智能学科教学工具。表 9-4 列举了部分其他学科智能教学工具。

表 9-4 部分其他学科智能教学工具

学科	名称	功能
科学	形色	支持花草树木的拍摄识别，自动推送与之相关的植物知识，如植物文化、植物百科、植物趣闻、植物价值等，还会推送与之相关的诗词、故事等
	懂鸟	支持对鸟类的拍摄识别，自动推送相关的鸟类知识，如外形描述、地理分布、生活习性、鸟种资料、声音特征、鸣叫音频等

续表

学科	名称	功能
信息技术	百度 AI 体验中心	1. 文字识别应用：通用文字识别、手写文字识别 2. 图像识别应用：动物识别、植物识别、地标识别 3. 语音技术应用：语音识别、语音合成 4. 语义应用：词法分析、抽取评论观点
体育	天天跳绳	1. 精准动作识别，AI 互动计数 2. 支持体侧体考相关项目训练，如跳绳、仰卧起坐、体前屈等 3. 支持体育作业管理，自动统计学生完成情况 4. 提供个人运动数据统计报告 5. 实现云比赛，邀请班级同学或者好友 PK
音乐	音虫	1. 拍照识谱，播放乐曲 2. 提供大量音效素材，实现 AI 创编乐曲 3. 自动为旋律设置音色丰富的和声，实现 AI 作曲 4. 提供各种虚拟乐器，支持乐队智能演奏 5. 可实现录音和智能演唱

体验·感知

任意选择上述一款智能学科教学工具进行体验，感知该工具的便捷性、交互性和个性化等特点，并与其他学习伙伴交流体验感受。

需要注意的是，这些智能学科教学工具只是帮助我们提高教学效率的小助手。将这些工具引入教学时，我们需要严格遵照教育部发布的《关于引导规范教育移动互联网应用有序健康发展的意见》中的对教育 App 的管理和使用规范，并根据具体的教学情况适时、按需地选择和应用。

思考·讨论

教育移动互联网应用程序（简称"教育移动应用"，教育 App）是指以教职工、学生、家长为主要用户，以教育、学习为主要应用场景，服务于学校教学与管理、学生学习与生活以及家校互动等方面的互联网移动应用。为引导和规范教育移动应用有序健康发展，更好地发挥教育信息化的驱动引领作用，教育部等八部门发布了《关于引导规范教育移动互联网应用有序健康发展的意见》。请认真阅读该意见，思考在运用智能学科教学工具开展教学时，应注意什么问题，并与其他学习伙伴交流你的想法。

文件网址：http://www.moe.gov.cn/srcsite/A16/moe _ 784/201908/t20190829 _ 396505.html.

第三节 智能学科教学工具的应用方法

与面向所有用户提供同质化学习资源的传统平台相比，智能学科教学工具的优势在于能够实时监测学生学习情况，并结合学生的个人特征与差异，规划个性化学习路径，智能推荐学习资源，使得教学资源得到更加充分和更有针对性的利用。若能合理使用，智能学科教学工具将为教师开展创新性教学与变革学习方式提供有力的工具支持。

一、基于智能学科教学工具的自适应学习

自适应学习，是指在智能技术支持下，基于特定教学情境下的学生需求和对其学习情况的评估、预测，为其提供合适的学习路径和资源的一种学习方式[1]。可见，自适应学习力图根据每个学生的实际需求统筹各种学习资源的配置，为每个学生提供与他们自身能力相适配的个性化学习材料，从而实现每个学生都可以获得最优化资源的目标。

(一) 智能学科教学工具的自适应功能

要实现自适应学习，自适应学习工具必不可少。自适应学习工具是一种可以根据学生在学习过程中反馈的信息，自动改变学习内容与学习策略的系统[2]。自适应学习工具有三种基本类型：（1）自适应内容，即根据学习者的具体情况提供个性化内容反馈，包括问题提示、学习材料等；（2）自适应评估，即根据学习者的答题结果自动调节测验内容的难度及出现顺序，实现测验内容的个性化；（3）自适应序列，即从学习者分析、技能选择、内容分析等方面分析学习者对知识的掌握程度，并为学习者挑选下一阶段的学习内容，包括学习内容的传递方式、数量及其内容之间的相互关系[3]。通常，自适应序列与自适应内容、自适应评估结合使用。

随着大数据、人工智能等技术的不断发展，自适应学习工具的发展也越来越智能化。现在，绝大部分的智能学科教学工具都兼具自适应内容、自适应评估、自适应序列三种工具的功能，具体表现在：（1）自动记录、分析学习者的学习过程与结果；（2）根据学科教学需要，多维度实时反馈学习者的学习情况；（3）根据学习者的学习情况，自动匹配与之能力水平相适应的学习内容以及呈现方式、学习策略等，为学习者推荐不同的学习路径；（4）根据学习者的适应性测试结果，动态调整测试难度与数量。

(二) 基于智能学科教学工具的自适应学习环节

结合智能学科教学工具的自适应功能，基于智能学科教学工具的自适应学习由三个环节构成[4]：

① 徐丽芳，邹请，李静涵. 国外 K-12 自适应学习平台发展现状及教学应用［J］. 中小学数字化教学，2022（7）：92 – 95.
② 张钰，王珺. 美国 K-12 自适应学习工具的应用与启示［J］. 中国远程教育，2018（9）：73 – 78.
③ 胡旺，陈瑶. 自适应学习：大数据时代个性化学习的新推力［J］. 中国教育信息化，2018（11）：42 – 47.
④ 刘邦奇，聂小林. 走向智能时代的因材施教［M］. 北京：北京师范大学出版社，2021：127 – 129.

1. 开展学习分析

课前，教师引导学生利用智能学科教学工具完成学前测试。智能学科教学工具将从先决知识、认知水平、学习能力等维度分析学生情况，推断出最适合学生当前学习水平的学习目标。教师也可以通过平时的教学观察以及对学生的了解，结合学生的自适应学习诊断情况来干预学习目标，以提高学习的针对性。

2. 定制学习过程

自适应学习过程由四个子环节组成一个操作循环，分别是：（1）推送学习内容。智能学科教学工具根据前期对学生学习目标的定位，推送适合该学生的不同难度水平、不同呈现形式、不同排列形式的学习内容。（2）选择学习策略。智能学科教学工具根据学生个性特征自动适配学习策略。（3）推荐学习路径。智能学科教学工具通过持续收集学生的学习数据，基于算法和预测模型，为学生推荐最适合的学习序列，帮助学生开展自定步调的学习。（4）自适应测试。在学生学完一个知识点或学习一段时间后，智能学科教学工具通过推送习题对学生进行检测，以评估推送的学习内容、学习策略和学习路径的合理性和适切性，并进一步根据学生的答题情况做出判断和调整。

3. 反馈学习结果

在经过一段时间的自适应学习后，智能学科教学工具会生成学习成效、学习行为和学习状态等方面的学习报告，反馈给教师和学生作为下一阶段改进学习的依据。对教师而言，这可以帮助教师发现需要帮助的学生，为学生有针对性地提供个别辅导与答疑；对学生而言，这可以帮助学生认识到学习需求及所要达成的目标，最大限度地调动学习者学习的积极性。

二、基于智能学科教学工具的个性化学习

2019 年 2 月，中共中央、国务院印发《中国教育现代化 2035》，提出"利用现代技术加快推动人才培养模式改革，实现规模化教育与个性化培养的有机结合"。在信息时代，为了促使学习者各方面都能得到充分、自由、和谐的发展，教育应为学习者提供高品质的个性化学习，使学习者能够根据自己的需要学习，按照适合自己的方式学习，找到适合自己的环境和伙伴学习，得到最适合自己的教师帮助其学习[1]。个性化学习是指以学习者个性差异为基础，强调学习过程要针对学习者个性特点和发展潜能而采取恰当的方法、手段、内容、起点、进程、评价方式等，使学习者各方面获得充分、自由、和谐的发展，以促进学习者个体发展为目标的学习范式。学习目标个性化、学习内容个性化、学习活动个性化、学习资源个性化、学习成果个性化、学习评价个性化、学习环境个性化是个性化学习的基本特征。

（一）智能学科教学工具的个性化功能

随着模式识别技术、自然语言处理技术、知识图谱技术等技术的快速发展与应用，智能学科教学工具为个性化学习提供了有力支撑，其个性化功能表现在：（1）学习者能根据

① 钟绍春. 构建信息时代教育新模式 [J]. 电化教育研究，2019 (3)：23-29.

自己的风格偏好，选择适宜的方式进行交互学习。例如，一些英语学科智能教学工具支持视觉型学习者选择视频进行学习，也支持图文型学习者选择"文本＋图片"进行学习，也支持听觉型学习者选择音频进行学习，还支持动觉型学习者选择触控式动画进行学习。(2) 学习者能根据学习需求，灵活选择学习场景，真正体现"互联网＋教育"新生态。目前，智能学科教学工具基本上是一种教育移动互联网应用程序。这意味着，只要移动终端连接入网，即可实现"时时可学、处处可学"的泛在学习。智能学科教学工具既可以满足课堂场景下自主学习、协作学习、探究性学习的需要，也可以满足课外场景下跨学科项目学习、深度学习的需要。(3) 学习者能根据自己的能力水平，自己制定学习步调、自己调整学习进度、自己确定学习目标、自己选择学习内容。智能学科教学工具的个性化学习诊断、评价与反馈，决定了学习者的学习路径和参与程度的个性化。

（二）基于智能学科教学工具的个性化学习环节

结合智能学科教学工具的个性化功能，基于智能学科教学工具的个性化学习由三个环节构成。

1. 分析认知起点，确定教学目标

"认知起点"是在学习过程中，当新的学习行为即将展开时，学习者个体对具体学习内容的认知状态[①]。它是对学习者与学习内容的关系表征，是个性化学习的必要基础。课前，教师利用智能学科教学工具测查了解学生在新内容学习之前所具备的认知起点，并将认知起点分类，确定整体教学目标，细化不同学生的学习目标。

2. 设计学习任务，组织个性化学习

有研究者发现，学习者的认知起点能够形成典型的学习群簇，可以根据群簇的不同结构，为学生提供针对性的学习内容或资源[②]。教师结合学生的认知起点，有针对性地设计学习任务和数字化学习资源，依托智能学科教学工具将内容与资源嵌入不同形式的学习活动。按照认知起点的不同水平，将学生分成若干小组，每组学生可根据自身需求选择相关的学习任务与资源，自定步调地开展学习。

3. 开展学习评价，形成个性反馈

在学习过程中，学习者的认知起点在不断地发生变化。当认知起点发生正向变化时，学习者就可以进入新一轮的个性化学习。因此，教师需要根据学生的认知起点和学习目标，在智能学科教学工具中设计个性化学习评价，允许学生根据自身的学习进度进行自主测试，以分析反馈学生认知起点的发展变化，为下一轮个性化学习提供依据。

> **思考·讨论**
>
> 从教师、学生、技术、应用场景四个角度，思考基于智能学科教学工具的自适应学习与个性化学习的优势、适应范围与设计要点，并与其他学习伙伴交流你的观点。

---

① 董玉琦，林琳，林卓南，等. 学习技术（CTCL）范式下技术促进学习研究进展（2）：技术支持的基于认知发展的个性化学习［J］. 中国电化教育，2021（10）：17－23.

② 胡航，董玉琦. 技术促进深度学习："个性化-合作"学习的理论构建与实证研究［J］. 远程教育杂志，2017（3）：48－61.

阅读导航

1. 刘邦奇，聂小林．走向智能时代的因材施教［M］．北京：北京师范大学出版社，2021.

2. 顾小清．自适应学习［M］．北京：教育科学出版社，2021.

3. 弗谷森，拉尔．个性化学习设计指南［M］．上海：华东师范大学出版社，2009.

4. 江涛．基于新技术的小学个性化学习探索与实践［M］．沈阳：辽宁人民出版社，2021.

5. 广东省一流本科课程"人工智能教育应用"（中国大学 MOOC 平台）。

思考与作业

1. 简要陈述什么是智能学科教学工具。

2. 结合例子分析智能学科教学工具的特点有哪些。

3. 分享和推荐一个你心目中优秀的小学智能学科教学工具，对其进行简要介绍与分析，并注明工具来源，说明推荐理由。

4. 说说智能学科教学工具在小学教学中应用的优势与不足。

5. 除了本章节介绍的智能学科教学工具应用方法外，你认为智能学科教学工具还有哪些创新应用方法？

6. 挑战性作业：设计实践题。

参考本章列举的智能学科教学工具或者选择自己喜欢的一个智能学科教学工具，设计一节基于智能学科教学工具的创新课堂，填写一份教学设计方案。

授课内容		所属学科	
授课课时		授课对象	
一、教学内容分析			
二、学情分析			
三、教学目标设计			

四、智能学科教学工具选择 （描述智能学科教学工具的名称、来源、主要界面）	

五、教学活动设计

教学环节	教师活动	学生活动	智能学科教学工具的应用

六、教学评价的设计

学习反思

根据本章的学习情况，请您利用 P-M-I-Q 反思框架进行自我反思，并做好记录。

反思框架			
P（plus） 我已经学懂的内容	M（minus） 我尚未学懂的内容	I（interesting） 我感兴趣的内容	Q（question） 我感到疑惑的问题
1. 2. 3.	1. 2. 3.	1. 2. 3.	1. 2. 3.

第十章

思维工具的应用

学习目标

1. 能解释并区分概念图与思维导图的概念；

2. 能描述思维导图的类型；

3. 能认识概念图与思维导图的工具；

4. 能掌握概念图与思维导图的应用方法；

5. 在案例分析、问题讨论、实践应用的活动中，清楚认识到概念图与思维导图对促进小学生思维能力发展的重要意义，提高应用概念图与思维导图优化小学课堂教学的能力。

问题导入

随着以"核心素养"为导向的新一轮教学改革的快速推进，作为"核心素养之核心"的思维能力得到了越来越多的重视。如何应用信息技术支持小学生思维能力发展，成为广大小学教师关注的新问题。近年来，概念图、思维导图等思维工具受到师生们的广泛欢迎，并逐渐成为推动课堂教学改革、实现深度学习的重要抓手。随之一个矛盾也逐渐显现出来："概念图"与"思维导图"是同一个概念还是不同的概念？它们之间的联系与区别是什么？与此同时，我们发现：尽管思维工具的应用如火如荼，但有些教师仅以思维图示的形式进行板书，学生并未有效参与其中；有些教师虽让学生参与到思维图示的制作中去，但侧重点大多停留在图像、线条、颜色等"美术特征"上，"思维特征"未能得到有效彰显；还有一部分教师虽努力尝试运用思维工具以提升学生思维能力，却因没能找准着力点而收效甚微①。请您从小学教学应用的角度思考：

---

① 赵国庆，杨宣洋，熊雅雯．论思维可视化工具教学应用的原则和着力点［J］．电化教育研究，2019（8）：59.

1. 什么是概念图？什么是思维导图？
2. 概念图与思维导图是否相同？若不同，二者之间的核心差异是什么？
3. 概念图与思维导图有哪些？
4. 如何应用概念图或思维导图开展教学？

在信息技术与教育教学深度融合以及培养学生核心素养的双重背景下，人们越来越多地关注如何运用信息技术创新课堂教学从而促进学生思维能力的发展。乔纳森（Jonassen，D. H.）提出，技术可以作为思维工具促进学生思维能力的发展。思维工具是用来引导人们思考方向和侧重点的思维策略或方法①。它既可以表现为物化形态的工具（如概念图、思维导图），也可以表现为包括意识形态在内的策略方法（如六顶思考帽），还可以是二者的结合。在本教材中，我们侧重从物化形态的角度来介绍概念图、思维导图等思维工具的应用。

第一节　概念图的应用

为了更好地应用概念图进行教学，我们先要明确何谓概念图？概念图能发挥怎样的认知意义？有哪些概念图工具？

一、概念图的内涵

概念图是一种使用节点表示概念，使用连线表示概念间关系的知识组织和表征工具。与概念图相关的英文有两个词组：concept mapping 和 concept map。前者译为"概念构图"，强调形成概念图的过程；后者译为"概念图"，特指形成的概念图。由概念图的定义可以看出，概念图具有图示化、突出概念、突出概念之间的关系、突出概念之间的层次等鲜明特点②。图 10-1 为小学科学关于"物质的三态"内容的概念图。

（一）概念图的起源

概念图是由康奈尔大学诺瓦克（Novak，J. D.）博士根据奥苏贝尔（Ausubel，D. P.）的有意义学习理论提出的一种教学工具。有意义学习理论强调，当学生新学的内容与其头脑中已有的知识建立起非人为的实质性联系时，学生表现出一种有意义学习的心向。这意味着，影响学生有意义学习的重要因素是学生的认知结构。认知结构是学生现有知识的数量、清晰度和组织方式，是由学生当下能回想起的事实、概念、命题、理论等构成的。因此，需要一种工具能够表征知识体系中的概念及概念之间固有的联系，以及学生

---

① 赵国庆，段艳艳，赵晓玉，等．面向智慧学习的认知工具与思维工具［J］．现代远程教育研究，2022（5）：96-103.
② 赵国庆．概念图、思维导图教学应用若干重要问题的探讨［J］．电化教育研究，2012（5）：78-84.

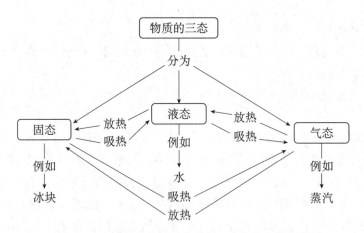

图 10 - 1　小学科学关于"物质的三态"内容的概念图

认知结构中已有的概念及其相互的关系，只有这样，才能快速发现学生内在的认知结构和知识本身的结构体系之间的差别，进而决定通过同化或是顺应实现有意义学习的发生。概念图正是这样一种知识组织的表征工具。

（二）概念图的基本要素

概念图包括四个基本要素，分别为中心主题、概念、连线和连接词。

（1）中心主题，即每个概念图都是围绕某个特定主题展开的。在制作概念图之前，最好先设定一个中心主题，以便廓清该主题所涵盖的相关知识。在图 10 - 1 中，中心主题为"物质的三态及其变化"。

（2）概念，即一个知识点或一个事物的名称。通常以简练的关键词加以表达。在图 10 - 1 中，"固态""液态""气态""冰块""水""蒸汽"都属于概念。

（3）连线，即从一个概念指向另一个概念的带箭头的线条。

（4）连接词，即在连线上，表明两个概念间关系的关键词或者短语。在图 10 - 1 中，"固态"与"液态"两个概念之间，有着"放热""吸热"两个连接词，用以表示两个概念之间的关系。需要特别注意的是，在概念图中，两个概念用线连接时，连线上必须要有连接词。

（三）概念图的层级结构

概念图有一定的层级结构，含义最广且最具概括性的概念在图的最上端，细化的概括性不强的概念依次排列在下方。在图 10 - 1 中，"物质的三态"是这张概念图中含义最广且最具概括性的概念，所以在概念图最上端。"固态""液态""气态"等具体概念在其下方。

不同层级的概念之间形成命题关系。命题，即把两个概念与它们之间的连接词合起来，形成一句有意义的、陈述性的句子。具体组句的规则是顺着连线的箭头方向，从无箭头的一端到有箭头的一端。例如，在图 10 - 1 中，"物质的三态分为固态、液态、气态""气态放热变成固态"等。

资料链接

概念图评价标准

维度	标准
内容	1. 概念围绕中心主题展开 2. 两个概念之间通过连接词能构成一个命题，且是一句完整且有意义的陈述 3. 连接词准确地表达了概念之间的关系 4. 有效命题数量多、质量高
形式	1. 概念图有一个明确的中心主题 2. 概念为名词、短语、公式、简练陈述句等 3. 概念采用了特殊形式，如加边框、背景色、背景图等，能直观区分概念和连接词 4. 连线上没有连接词空缺，且连线方向明确无误 5. 概念图有层次性，布局合理，清晰易读

资料来源：赵国庆. 概念构图［M］. 北京：北京师范大学出版社，2016：21.

二、概念图的认知意义

在教学中使用概念图，有着深刻的认知意义，具体表现在如下两个方面：

（一）帮助学生实现从"日常概念"向"科学概念"转化

建构主义认为，根本不存在一成不变的"客观"事实。学习不是由教师向学生传递知识，而是学生根据外在信息，通过自己的背景知识和先前经验，自我建构知识的过程。在这个过程中，学习者不是被动的信息吸收者和刺激接受者，他既要对外部信息进行选择和加工，又要根据新知识与自己先前经验和背景知识的关联，主动地建构新信息的意义。由于这种先前经验主要来源于学习者的日常生活和社会交往，所以它们逐渐演变成为学习者的一种日常经验，其实质和核心是"日常概念"和"直观知识"。

事实上，学校的"科学知识"与学生的"日常经验"并不是完全对等的，它们之间并不是一种简单的、由此及彼的线性关联。维果茨基（Vygotsky，L.）在研究教学与发展的关系时，就注意到了儿童通过经验和独立思考形成的"日常概念"和在学校里所学到的"科学概念"之间的区别及其辩证关系。他认为，日常概念是基于特殊的事例，它并不是一个具有内聚性的思想体系的一个部分，而科学概念则是某一个系统（里边有着各种各样的关系）的一部分[1]。在具体的教学中，日常概念向科学概念的转化——概念改变，应是重点关注的。

维果茨基认为日常概念和科学概念都不是一次性获得的，它们的获得在时间上经历一

---

[1] 嫣超云. 从日常概念到朴素理论：维果茨基关于日常概念与科学概念的理论及其挑战［J］. 学前教育研究，2003（5）：8-10.

个"概念含混阶段-复合思维阶段-抽象概念阶段"的较长的过程。在这一过程中，日常概念和科学概念之间有着无数次的反复，直至它们成为一个同一的系统。可见，日常概念和科学概念并不是截然对立的，而是统一在一个概念系统之中，二者在形成与发展过程中是相互联系和相互作用的。基于概念图的教学正是实现儿童的日常概念向科学概念的发展，再迁移到日常概念，从而使之走向整合同一的有效途径。

（二）帮助学生建立科学的知识结构体系

有意义学习理论指出，表征学习、概念学习、命题学习是有意义学习的主要类型。表征学习是指学习单个符号或者一组符号所代表的事物和意义。概念学习是指掌握同类事物的共同关键特征或本质特征。命题学习是指学习以命题形式表达的观点的新意义，即是概念与概念之间的关系。

奥苏贝尔认为，新学习的命题与学习者认知结构中已有的概念和命题之间的关系有三种类型：（1）下位关系（subordinate relationships），即新学习的内容从属于学习者认知结构中已有的、包摄性较广的概念。包括派生的下位（derivative subsumption）和相关的下位（correlative subsumption）。例如，儿童已知"平行四边形"这一概念的意义，那么，我们可以通过"菱形是四条边一样长的平行四边形"这一命题来界定菱形，这就是一种相关的下位。（2）上位关系（superordinate relationships），即新学习的内容是一种包摄性较广的，可以把一系列原有概念从属于其下的新命题。例如，假定儿童已知正方形、长方形和平行四边形内角和等于360°，那么"任何四边形内角和等于360°"这一命题即为一种上位关系。（3）组合关系（combinational relationships），即新学习的内容与学习者认知结构中已有概念既不产生下位关系，又不产生上位关系。基于概念图的教学可以通过概念图中的命题关系，帮助学生建立起由抽象到具体，逐级分化的知识结构体系，实现有意义学习。

思考·讨论

结合概念图的认知意义，思考在绘制概念图时，如何提炼概念与连接词？如何表达层级结构？请与其他学习伙伴交流你的想法。

三、概念图的工具

Inspiration 是由 Inspiration 公司开发的一种专用概念图软件，具有界面简单、操作直观、容易上手等特点，支持用户自动生成概念节点及概念之间的连接，降低了学习者基于纸笔构建概念图时因绘图而带来的低阶认知负荷。经常使用 Inspiration 软件可以帮助学习者养成提炼关键词、思考概念之间关系并对自己先前理解进行反思的习惯，提升学习者对知识的理解，进而促进其思维能力的发展。图 10-2 为 Inspiration 的操作界面。

Inspiration 具有如下功能：

（1）Inspiration 支持在任意两个节点之间创建联系。节点可以用文字或者图片表示。

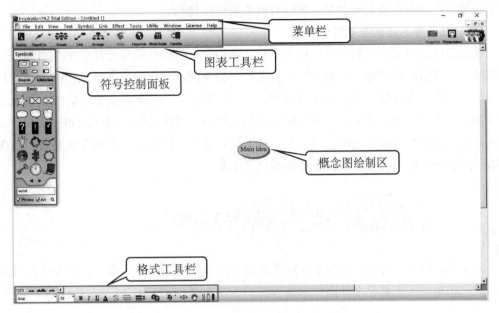

图 10 - 2　Inspiration 的操作界面

（2）Inspiration 自带符号库，包括 17 类图形、图像等，涉及语文、数学、科学等学科，用户只需要单击软件中符号控制面板上的相应按钮，便可将这些符号添加到自己的概念图中。

（3）Inspiration 具有自动布局图形的功能，使得概念图绘制区中各个节点不重叠。

（4）Inspiration 提供两种视图：图表视图和大纲视图。图表视图用于记录用户绘制概念图时的思维，将概念用图表和文本的形式表现出来；大纲视图则将概念进行重新排列，以修改和确定概念图的层级结构。

（5）Inspiration 自带概念图样式库，用户只需要选择自己喜爱的样式，并根据提示对样式稍加修改完善，就可以快速制作自己的概念图。

四、概念图的应用方法

目前，概念图在小学教学中已经得到了广泛应用，主要表现在如下三个方面：

（一）基于概念图的知识总结

概念图作为知识总结的工具，以简洁明了的图示呈现复杂的知识结构，有助于教师引导学生在零散孤立的概念节点之间，以及新旧知识之间建立联系，深化对概念的理解，进而形成全面的系统的认知结构。基于概念的知识总结可以用于新授课的课堂总结环节，也可以用于复习课的知识梳理环节。

（二）基于概念图的合作建构

概念图作为合作建构的工具，支持学生围绕中心概念进行对话交流，有条理地展现概念之间的关系，通过小组成员间的协商、质疑、论证，以检查、反思、纠正自己存在的一

些错误理解，并不断修正概念图，加强对概念的深度建构。

（三）基于概念图的教学评价

概念图作为知识评价的工具，从系统化、结构化、整体性等角度评价学生对知识的掌握情况。具体做法有三种：一是由学生自主绘制概念图，并比照标准概念图的成分进行计分（如节点数、连接数、连接词准确度等）。二是教师提供标准概念图，把部分概念或连接词留空，由学生填充完成。三是教师为学生提供概念图所需的所有概念和连接词，由学生进行选择和匹配形成概念图。对于这三种做法，教师可以根据学生的年龄特征、认知特点以及所学知识所涵括概念的复杂度等做出灵活选择。

第二节　思维导图的应用

思维导图因其以可视化的图示促进灵感的产生和发散思维的形成，在教学中的应用更加广泛。那么，什么是思维导图？思维导图的工具有哪些？

一、思维导图的内涵

思维导图，是一种表达发散思维的图形化思维工具。与思维导图相关的英文也有两个词组：mind mapping 和 mind map。前者，译为"思维构图"，强调形成思维导图的过程；后者，译为"思维导图"，特指形成的思维导图。由思维导图的定义可知，思维导图具有可视化、非线性的核心特征，具有思维激发、记录和整理的功能。图 10-3 为小学英语以"trip plan"为主题的思维导图。

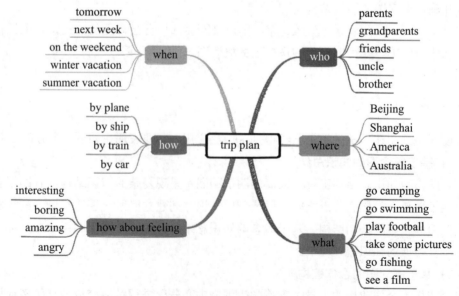

图 10-3　小学英语以"trip plan"为主题的思维导图

(一) 思维导图的起源

思维导图最初是由英国托尼·伯赞（Buzan，T.）发明的一种笔记方法。他认为，传统的笔记方法有埋没关键词、不易记忆、浪费时间和不能有效刺激大脑等弊端，而思维导图作为一种节点发散式的图形笔记，类似人类大脑发散性思维的过程，不仅有助于理清思维的脉络，而且可供自己或他人回顾整个思维过程。思维导图运用图文并茂的优势，把各级主题的关系用相互隶属与相关的层次图表现出来，便于建立记忆链接，大大提高记忆效率。每个人的思维发散过程都是不相同的，这意味着思维导图具有灵活性和个性化，不像概念图，反映科学的知识逻辑结构。

(二) 思维导图的要素

思维导图包括三个基本要素，分别是：中心主题、分支、关键词。

(1) 中心主题，即每个思维导图都是围绕某个特定主题展开的。在绘制思维导图之前，最好先设定一个中心主题，以确定思考的方向。一般来说，中心主题位于思维导图的中央位置。在图 10-3 中，中心主题为"trip plan"。

(2) 分支，即由中心主题产生的联想，用由中央向四周放射的线条表示。分支具有层级性，最先联想到的或最重要的想法，放在较高层次的分支上，比较不重要的想法附在次一级分支后。分支越多，说明产生的联想越丰富、越复杂。在图 10-3 中，分支有两个层级。第一个层级为"who""where""what""when""how""how about feeling"所在的分支，第二个层级为"who""where""what""when""how""how about feeling"衍生的分支。

(3) 关键词，即每个分支上的节点，用简短的词语或者句子表示，如图 10-3 中各个分支上的词语。可以说，思维导图是一个由分支连接而成的节点结构。

有时候，为了使思维导图更加美观，可视化程度更高，可以给每个分支加上图标，或者给每个分支添加不同的颜色。

思考·讨论

从起源、定义、特征、要素、表现形式等角度，区分概念图与思维导图的不同点。认真记录你的观点，并与其他学习伙伴交流。

二、思维导图的类型

尽管思维导图具有个性化的特点，但是，针对不同的应用场合，思维导图有着常用的几种类型。

(一) 论证图

论证图是一种对观点进行严密论证的思维导图（见图 10-4）。它可以帮助学生围绕中心主题，建立"论点-论据-结论"的思维过程。例如，在小学语文教学中，教师可以借助论证图引导学生对课文进行深度阅读，或是对作文进行提纲写作训练。

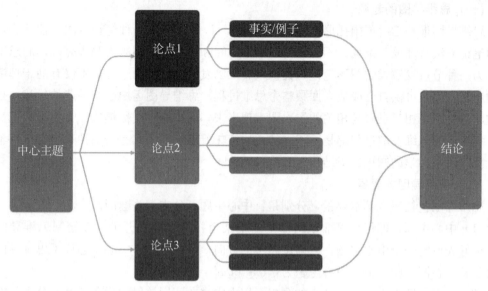

图 10 - 4　论证图

（二）气泡图

　　气泡图是一种采用尽可能多的形容词或者名词对事物进行描述的思维导图。气泡图的应用十分广泛，是帮助我们认识事物的有效思维工具。气泡图分为单气泡图和双气泡图。单气泡图只对一种事物进行描述（见图 10 - 5）。例如，在进行小学道德与法治"多样的交通与通信"单元教学时，教师可以引导学生用气泡图描绘出多样的交通与通信方式，进而让小学生体会科学技术的更新发展及其给人们生活带来的便捷。双气泡图是对两种事物的相同点和不同点进行描述。事实上，双气泡图是将两个单气泡图组合而成的。两个事物之间的气泡，描绘的是两种事物的相同点；两个事物两侧的气泡，描绘的则是这两种事物的不同点。

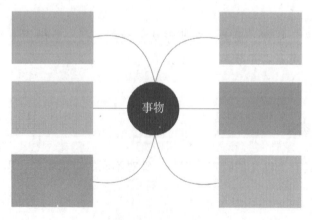

图 10 - 5　气泡图

（三）流程图

　　流程图是一种用来分析事物顺序或步骤的思维导图（见图 10 - 6）。它有助于学生明晰事物的操作流程或发展变化过程。例如，在小学数学教学中，教师可以让学生利用流程图归纳数学题的解题思路与过程；在小学信息科技教学中，教师可以借助流程图分析信息技术工具的操作步骤。

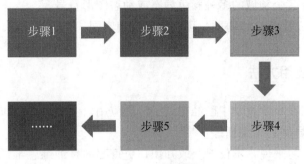

图 10 - 6　流程图

三、思维导图的工具

　　常见的思维导图工具有 MindManager、XMind、MindMapper、MindMaster 等。下面以 MindMaster 为例介绍思维导图工具的功能。该工具具有界面直观、操作简单、容易上手的特点。图 10 - 7 为 MindMaster 的操作界面。

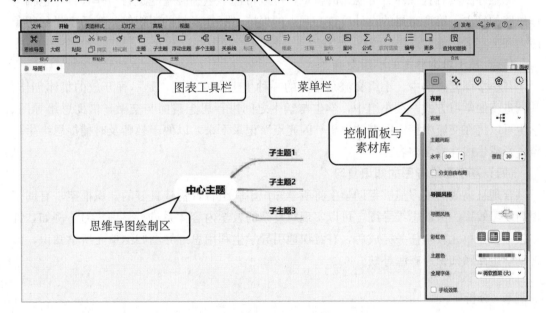

图 10 - 7　MindMaster 的操作界面

MindMaster 具有如下功能：

（1）用户只需在符号框中输入文字或者插入图片，就可以形成一个节点，节点之间自动连接。插入同级节点只需要按"Enter"键，增加下一级节点按下"Insert"键即可。

（2）MindMaster 提供海量的模板，用户可以选择最合适的模板建立所需要的思维导图；还提供多样化的布局（如气泡图、时间线、树状图、鱼骨图等），实现一键式美化。

（3）MindMaster 支持图片、表格、公式、多媒体、超链接等插入。

（4）MindMaster 提供丰富的素材库，包括各种基本图形、数字，涉及教育、科技、动物、植物、食物等多个领域的多种彩色静态或动态图形符号。

（5）MindMaster 支持在线协同，可多人实时编辑同一个思维导图。

四、思维导图的应用方法

目前，思维导图在小学教学中已经得到了广泛应用，主要表现在如下四个方面：

（一）基于思维导图的思维训练

对于小学生的学习来说，不仅要获取知识，更重要的是训练思维。为了提高思维训练的可操作性，可运用可视化思维工具将思维过程和思维结果呈现出来，促进学习者观察反思。例如，在小学数学问题解决教学中，为了训练学生的逻辑思维能力，教师可以引导学生运用思维导图梳理解题思路，将每一步骤的解题关键点简单陈列出来，并在解题过程中，顺着思维导图的顺序进行解答，这样解题过程会更加顺畅，解题思路也会更加清晰，在很大程度上可以降低做题难度[①]。

（二）基于思维导图的写作教学

思维导图具有直观性、可视化的特点，可以帮助学生围绕主题进行写作训练，包括写作思路的确立、篇章布局的设计、核心观点的提炼、写作素材的组织等，激活学生的想象能力和文字表达能力。

（三）基于思维导图的小组交流

在小学课堂教学中，小组交流是常用的一种生生交互方式，是一种开放的集体创作、共同进步的学习方式。在小组中，学生与学生之间进行思想碰撞与交融。借助思维导图，学生可以将在交流中稍纵即逝的思想"闪光点"记录下来，以便于教师及时捕捉思维生成点，形成生成性教学内容。

（四）基于思维导图的知识复习

合理且高效的复习能够帮助学生将所学知识串联组合，构建良好的知识框架，有助于提高复习效率。借助思维导图，可以实现对复杂的教学内容体系进行整理复习。例如，许多教师会在单元教学任务完成后，有意识地引导学生利用思维导图归纳单元所学知识，以帮助学生回顾知识、查漏补缺。

观摩·分析

观看小学英语"My trip"写作教学的微课，感受、体会与理解教师如何应用思维导图开展写作教学，并与其他学习伙伴进行交流。

微课链接：http://dasai.cnweike.cn/detail/100693.html.

① 叶彩凤.运用思维导图优化小学数学教学［J］.数学学习与研究，2022（8）：92-94.

阅读导航

1. 诺瓦克 . 学习、创造与使用知识：概念图促进企业和学校的学习变革［M］. 北京：人民邮电出版社，2016.

2. 赵国庆 . 概念构图［M］. 北京：北京师范大学出版社，2016.

3. 赵国庆 . 八大思维图示法［M］. 北京：北京师范大学出版社，2015.

4. 柯清超，马秀芳 . 现代教育技术应用：第 2 版［M］. 北京：高等教育出版社，2020.

5. 国家精品课程"思维导图的教学应用"（中国大学 MOOC 平台）。

思考与作业

1. 简要陈述什么是概念图，什么是思维导图。

2. 从多角度分析概念图与思维导图的相同点与异同点。

3. 概念图有什么认知意义？

4. 除了本章节介绍的概念图与思维导图的应用方法外，你认为概念图与思维导图还有哪些创新应用方法？

5. 挑战性作业：设计实践题（任选一题）。

（1）以小学数学"四边形的类型与特点"为中心主题，利用 Inspiration 绘制一个概念图。参照概念图评价标准，与其他学习伙伴相互点评。

（2）以"防疫知识知多少"为中心主题，选择合适的思维导图类型，利用 MindMaster 绘制一个思维导图，并与其他学习伙伴相互点评。

学习反思

根据本章的学习情况，请您利用 P-M-I-Q 反思框架进行自我反思，并做好记录。

反思框架			
P（plus） 我已经学懂的内容	M（minus） 我尚未学懂的内容	I（interesting） 我感兴趣的内容	Q（question） 我感到疑惑的问题
1. 2. 3.	1. 2. 3.	1. 2. 3.	1. 2. 3.

第十一章

教学评价工具的应用

学习目标

1. 能说出教学评价工具的概念与特点；
2. 能掌握教学评价工具的应用方法；
3. 在问题讨论、案例分析、实践应用的活动中，清楚认识到教学评价工具对实现教学过程数字化的重要意义，提高应用教学评价工具创新小学课堂教学的能力。

问题导入

2020年10月，中共中央、国务院印发《深化新时代教育评价改革总体方案》，对新时代教育评价改革做出全面部署，吹响了教育综合改革攻坚战号角。该方案指出："坚持科学有效，改进结果评价，强化过程评价，探索增值评价，健全综合评价，充分利用信息技术，提高教育评价的科学性、专业性、客观性。"在信息技术与教育教学深度融合的驱动下，信息技术的发展为教育评价变革带来了新的机遇，主要体现在创新评价工具、优化评价管理、提升评价质量等方面。比如，目前在小学推广的智慧课堂教学系统、点阵数码笔技术等，可以实现课堂教学过程、学生作答过程等数据的连续性采集，大大提升了课堂教学评价与反馈的及时性。在一次教学培训讲座中，有不少教师曾向笔者提问道："并非所有的小学都配置有像智慧课堂教学系统等这样先进的技术环境，那是否意味着教师无法体验到技术为课堂教学评价带来的赋能？是否有适用于更广泛的应用情境的教学评价工具？"请您从小学教学应用的角度思考：

1. 什么是教学评价工具？
2. 教学评价工具有哪些？
3. 如何应用教学评价工具开展教学？

评价反馈是课堂教学中不可或缺的重要环节，它既是对学生所学内容掌握情况的检测，又是教师调整教学的依据。然而，受技术条件限制，在传统课堂教学中，教师主要依赖自身的主观经验和局部数据对学生开展评价，导致评价覆盖面小、全面性弱、评价时效性差，未能真正发挥评价促进学生发展的本质作用。信息技术的发展为创新课堂教学评价带来了可能，助力教师全过程采集数据，评价学生的学习状态，做出科学、精准、客观的反馈。

第一节 教学评价工具的概念与特点

技术支持的教学评价，改变了传统教学评价方式单一、忽视评价过程、评价结果滞后等问题。便捷多样的教学评价工具，为开展技术支持的教学评价提供了有利条件。循证导向的教学评价理念的兴起，为教学评价工具赋予新的内涵与价值。

一、教学评价工具的概念

教学评价是以教学目标为依据，运用可操作的科学手段，系统收集有关教学的信息资料，并通过量化对教学过程和结果做出价值性判断，以促进学生的自我发展和教学的完善。依据评价所起的主要作用不同，教学评价可以分为诊断性评价、形成性评价和终结性评价。诊断性评价是在教学活动开始之前所进行的预估性或测定性的评价，其目的是了解和掌握所评价学生的基础和情况，为因材施教提供依据。形成性评价是在教学过程中，对学生学习的动态状况进行评价，其目的是及时了解教学活动进程的效果，及时反馈信息，以便及时修正和调节教学计划。终结性评价是在教学活动后，为了解并确定最终成果而进行的评价，其目的是评定成绩，得出结论。在传统教学中，教师主要关注的是终结性评价，即采用纸笔作业、测验的方式，对学生的学习结果进行评定。

近年来，随着循证导向的教学评价理念的兴起，评价方式从经验主导走向数据驱动，强调多维度采集过程性和结果性数据，对学生的学习画像做出精准刻画。《义务教育课程方案（2022 年版）》也指出"注重对学习过程的观察、记录与分析，倡导基于证据的评价"。教学评价工具为实现循证导向的教学评价提供了条件。教学评价工具，就是在教学过程中，对学生学习动态状况与学习结果进行记录、分析与反馈的一种计算机程序。从教学评价内容来看，常用的教学评价工具有支持知识测试的互动练习工具、支持学情分析的网络问卷工具、支持行为评价的行为量化工具。各类教学评价工具的功能如表 11-1 所示。受大数据技术、数据科学、人工智能技术的影响，教学评价工具日趋走向智能化。

表 11-1 教学评价工具的功能

类型	功能	名称
互动练习工具	主要用于教学过程中的知识测试与及时反馈，以便教师及时把握学生对知识的掌握情况，了解学生的薄弱知识点或易错知识点，对教学做出针对性调整	FreeQuizmaker

续表

类型	功能	名称
网络问卷工具	主要用于学情诊断与分析,以便教师了解学生课前的起点水平(如知识基础、能力基础、学习态度等),实现因材施教	问卷星、腾讯问卷、钉钉问卷
行为量化工具	主要用于课堂教学过程中学生学习行为的量化记录与反馈(如将学生的行为分为积极行为与待改善行为,根据行为的积极性或严重程度为行为赋分),以便教师做好课堂行为管理,帮助学生建立规范行为的意识	班级优化大师、ClassDojo

思考·讨论

　　随着教学评价逐渐从经验主导走向数据驱动,人们越来越重视数据在教学评价中的价值。因此,有人说"教学数据比教学经验更重要"。你的看法如何?请将你的观点与其他学习伙伴进行交流。

■ 资料链接

循证教学评价

　　近年来,数据科学的快速纵深发展和教学活动的科学化演变,促使教学评价需要提供证据支持。循证教育理念再次重回研究者视野,并成为教学评价的新理念,兴起循证教学评价(evidence-based evaluation)。循证教学评价是以教学评价理论、数据科学技术、教学分析方法为基础,以全教学数据链为抓手,运用绩效技术的理论和方法,对教学的整个过程及成效进行多维、精确评估测量的一种方法。

　　循证教学评价的主要要素包括个性化教学、教学时空场域、多源异构数据,各要素通过相互联系与作用形成结构化的支撑。其中,多源异构数据为循证教学评价提供证据支撑。教学评价证据是教与学过程和结果信息的集合。如:学习过程数据,是学生在课程学习过程中所产生的学习痕迹的信息集合;学习结果数据,是学生在课程学习之后所获得的知、情、意、行的信息集合。

　　资料来源:牟智佳,刘珊珊,陈明选.循证教学评价:数智化时代下高校教师教学评价的新趋向[J].中国电化教育,2021(9):104-111.

■ 教学评价工具的特点

　　教学评价工具具有如下三个突出的特点:

　　(1)方便易用。上述介绍的三种类型的教学评价工具,不仅界面友好,而且操作便捷。例如,FreeQuizmaker是一款免费的互动练习工具,能够用于制作单项选择题、多项选择题、判断题等多种不同题型的题目。用户只需要把练习题目、答案按照要求输入工具界面，经过简单的设置即可生成具有互动反馈功能的练习文件。

（2）实时反馈。"数据"是教学评价工具的内核。教学评价工具具有数据分析功能强大，结果反馈及时等特点，可以大大减少教师在教学评价中重复烦琐的数据统计操作，提高课堂教学效率，所以教学评价工具在课堂教学中应用非常广泛。例如，问卷星是一个在线问卷调查工具，不仅支持多样化问卷类型的创建，而且提供实时、详细的数据反馈，实现数据可视化，帮助教师快速从数据中挖掘出有价值的信息，并做出精准决策。

（3）沟通家校。目前，许多教学评价工具不仅是学生学习过程与结果的记录工具，还是学校与家庭沟通的重要中介。借助教学评价工具，家长可以随时随地了解学生在校学习、活动和成长等各方面的表现，以及老师对学生做出的个性化评价。例如，ClassDojo是一个对学生学习表现评价的工具，它为教师、学生与家长搭建了一个实时沟通交流的平台。通过 ClassDojo，教师与家长可以加强联系，共同关注学生成长。

第二节　教学评价工具的应用方法

通过第一节的学习，我们知道教学评价工具有着不同功能，如支持知识测试、支持学情分析、支持行为评价等。为实现不同功能，教学评价工具有着不同的应用方法。

一、基于教学评价工具的知识检测

知识测试是一种常见的形成性评价，主要用于了解在教学过程中学生对知识的掌握情况。应用教学评价工具进行知识检测，这一方法看似简单，但是要想真正起到分析学生的知识掌握情况，找出学生的薄弱知识点或易错知识点，进而发现预警学生等作用，还是需要教师对测试做出精心设计。具体做法如下：

（一）分析教学内容，确定知识关联

教师在深入了解教材内容体系的基础上，分析学生学习的教学内容包括哪些知识点，这些知识点需要达到的教学目标是什么，教学重点与难点是什么。只有弄清楚教学内容所涵盖的知识及其之间的前后联系，才能为测试题的选择与编制指明方向。

（二）根据教学目标，确定测试题目

教师针对教学内容所要达到的教学目标，结合以往的教学经验，编制相应的测试题目，以反映学生是否掌握所学的知识，以及是否能将所学知识进行迁移应用。

（三）开展课中测试，收集测试数据

教师可以利用互动练习工具编制测试题目，并发送给学生。当学生在规定的时间内完成测试题后，测试工具会自动收集和记录学生的答题情况，并进行自动批改，生成测试结果分析报告反馈给教师。通常，报告涵盖了学生的测试提交情况、得分情况、测验用时、每题得分率，以及每题答错答对的学生名单等，并以百分比、直方图、饼图等形式直观呈现测试结果。

（四）分析测试数据，做出教学调整

一方面教师根据测试结果分析报告可以精准掌握班级整体对所学知识的掌握情况，例如，可以根据每道题的得分率看出班级学生哪些知识掌握得比较好，哪些知识的理解还不够深入。学生出现的高频错误可能是学生学习的难点，需要教师选择适切性的教学资源和针对性的教学策略进行教学调整。另一方面，教师根据测试结果分析报告也可以精准掌握不同学生的个体差异，例如，可以根据每道题答错答对的学生名单发现哪些学生存在薄弱知识点、易错知识点，也可以根据某个学生的测试得分情况发现预警学生。

二、基于教学评价工具的学情分析

学情分析是指学生学习有关学科内容时的起点水平及具备的一般心理特征。其中，起点水平包括学生原有的知识基础，即学生原有的知识数量、清晰度以及组织结构；也包括学生原有的能力基础，一方面指学生在不同认知发展阶段表现出来的感知、记忆、思维、逻辑想象等方面的认知能力，另一方面指针对具体学科内容的学习要求，学生已具备的学科能力。如，语文学科教学，通常会分析学生的阅读能力、写作能力；数学学科教学，通常会分析学生的运算能力、抽象能力、推理能力等。一般心理特征是指学生作为某一个年龄段的群体具有的一般心理特征，如性格特点、学习风格、学习动机等。通常，我们可以基于课前知识测试、以往的作业分析、学生的个别访谈以及学科教师的经验咨询等来分析学生的学情。利用课前学情问卷，也可以开展学情分析。具体做法是：

（一）分析教学目标，确定调查目的

教师根据教学目标，确定学生需要具备哪些起点基础，以此作为调查目的。例如，在小学语文四年级"蝴蝶的家"一课教学设计①中，课文是四年级"阅读策略单元"中让学生综合运用提问策略实践的一篇略读课文，所以，这节课的教学目标是：学生能自主运用该单元前三篇精读课文学到的提问策略与方法，边阅读边提出自己的问题，并给问题分类，筛选出有助于理解课文的问题，再尝试自己解决，加深对课文的理解。可见，为达成教学目标，学生的提问能力是基础。了解学生在该单元学习中对提问阅读策略的掌握情况，进而把握学生在阅读过程中的提问能力，有助于教师诊断出该课教学时应聚焦"提问"策略的重点和难点是什么，并有效设计课堂学习活动。由此，了解学生在阅读过程中的提问能力成为该次课前调查的目的。

（二）确定问卷维度，设计调查题目

根据调查目的，确定调查维度。围绕各个维度，设计若干项调查题目，形成调查问卷。在上述的案例中，教师确定了三个调查维度，分别是：提问的意识、多角度提问策略

---

① 该案例根据广州市天河区体育东路小学杨毅老师的"基于数据的学情分析方案"整理而成。

的运用、筛选问题策略的运用。围绕这三个维度，教师分别设计了具体的题目和题型（见表 11 - 2）。

表 11 - 2　"蝴蝶的家"课前学情调查问卷题目和题型

目的	题目	题型
了解学生阅读前、阅读中、阅读后的提问意识	1. 阅读"蝴蝶的家"这个题目时，我提出了多少个问题 2. 阅读过程中，我提出了多少个问题 3. 阅读之后，我提出了多少个问题	单选题
了解学生对阅读提问策略的综合运用情况	1. 请思考自己的提问采用了哪些策略或方法 2. 通过第二单元的学习，在提问方面你都掌握了哪些方法、技巧和策略	多选题
了解学生阅读前、中、后三个阶段提出有价值的问题的能力以及是否会对问题进行自我反思、自我选择的能力	请筛选一个自己觉得最有价值的、最重要的问题，并说明这个问题是怎么来的，以及我为什么要提出这个问题	简答题

（三）开展课前调查，收集调查数据

教师可以选择合适的问卷调查工具，生成调查问卷，发放调查问卷，并回收调查问卷。下面是教师采用问卷星生成的"蝴蝶的家"一课课前学情问卷。在回收问卷时，教师需要对问卷进行筛选，剔除无效问卷，以筛选后的问卷作为本次学生学情分析的数据来源。

"蝴蝶的家"课前学情诊断问卷

同学们好，"蝴蝶的家"是第二单元最后一课，同学们在前几篇课文的学习当中学到的"运用提问策略"相关的知识就在这课得以迁移运用。这将是一次独立探索的学习之旅。老师设计课前学情诊断问卷，请同学们先完成《学会提问》手册第 26、27 页，然后对照自己的提问清单，独立认真完成这份线上问卷，谢谢！

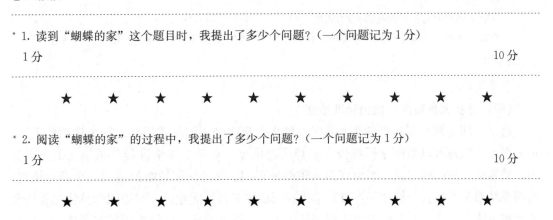

* 1. 读到"蝴蝶的家"这个题目时，我提出了多少个问题？（一个问题记为 1 分）

　1分　　　　　　　　　　　　　　　　　　　　　　　　　10分

★　　★　　★　　★　　★　　★　　★　　★　　★　　★

* 2. 阅读"蝴蝶的家"的过程中，我提出了多少个问题？（一个问题记为 1 分）

　1分　　　　　　　　　　　　　　　　　　　　　　　　　10分

★　　★　　★　　★　　★　　★　　★　　★　　★　　★

* 3. 阅读"蝴蝶的家"之后，我提出了多少个问题？（一个问题记为 1 分）

1 分   10 分

★   ★   ★   ★   ★   ★   ★   ★   ★   ★

* 4. 请筛选一个自己觉得最有价值的，最重要的问题，写下来（可以来自阅读前、中、后三个不同阅读阶段）；并写写"这个问题是怎么来的？/我为什么要提出这个问题？"要求把思路写具体、写清楚，让老师看懂。

	我筛选的最重要的问题（一个）	这个问题怎么提出来的？/我为什么问这个问题？
对应文章哪个位置？（第几段？哪几句话？题目？开头？结尾？）		

* 5. 请思考一下自己的提问都采用哪些策略或方法？【多选题】

☐ 多角度提问（文章内容多角度提问，比如感兴趣之外提问、产生有关的联系之处提问、和自己想法不一致之处提问）

☐ 多角度提问（文章写法角度，就是"作者为什么这样写？"）

☐ 多角度提问（联系文章和生活实际角度，比如针对文中的观点提出想探讨的问题，或者读了文章后还想继续探究的问题?）

☐ 针对文章局部提出

☐ 针对文章全局提出

* 6. 学习了第 2 单元，你学会提问了吗？在提问方面都掌握了哪些方法、技巧、策略呢？【多选题】

☐ 我能从多角度提问

☐ 我能说出自己的问题是怎么来的？自己为什么要提出这个问题

☐ 我喜欢从文章局部提问

☐ 我喜欢从文章全局提问

☐ 我能筛选出有价值的问题并说出理由

☐ 看到别人提出的问题，我会思考他为什么提出这个问题，而不是急于回答问题的答案本身

☐ 其他

（四）分析调查数据，做出精准诊断

通常，问卷调查工具会自动生成问卷结果分析报告，如问卷用时、每个选项的占比、词云图等。教师可以根据分析报告，结合调查维度，对学生学情进行分析。在上述案例中，教师结合提问的意识、多角度提问策略的运用、筛选问题策略的运用三个调查维度，对问卷结果分析报告分析如下：（1）学生在阅读中具备提问意识，对提问的具体操作以及要点较为清楚。（2）68%的学生能够从课文内容、课文写法、联结生活等多角度提问。这

说明大部分学生具备一定的提问能力。但是，停留在单角度提问的学生仍占有一定比值。（3）仅32%的学生能够清晰地说出自己筛选出有价值的问题的理由，仅凭经验或感觉筛选自己认为有价值的问题的学生占大部分。可见，通过课前学情问卷，教师了解了学生通过前面课文学习后所形成的提问意识以及掌握的提问能力，以此明确了这节课的教学重点在于迁移、巩固学生多角度提问的能力，培养学生能够有理有据地筛选出有价值的问题的能力。

三、基于教学评价工具的行为评价

教学的开展，需要有秩序的课堂环境，而有秩序的课堂又依赖于制定良好且有效果的课堂行为标准。课堂行为标准一般包括课堂规约及活动程序两方面。前者指的是一系列相关的一般性行为规定，如"上课前准备好学习材料和活动用具"等；后者指的是为了保证课堂上各项活动顺利进行而做出的规定，如集体活动程序规定有倾听、参与、回答问题等，小组活动程序规定有主动、探究、合作等[①]。小学生正处在成长的阶段，心智发育尚不够成熟。倘若能告知学生什么样的行为符合课堂行为标准，什么样的行为在课堂教学中不宜出现，那么将能激发和唤醒学生自我行为管理的意识，让他们学习和领悟恰当行为的要求，进而内化与发展为自身的自觉行为。善用教学评价工具，可以帮助教师及时发现、回应学生在课堂中的恰当行为与不恰当行为。对于恰当行为，给予认可与鼓励；对于不恰当行为，给予引导与纠正。具体做法是：

（一）选择目标行为，详细说明规则

教师根据学生的特点与已有的行为水平，合理设计目标行为的数量和难度。同时，事先向学生解释目标行为的意义与具体规则。例如，在课堂上积极举手发言，记为＋1分；在课堂上吵闹，记为－2分。

（二）选择量化工具，实施行为评价

教师选择合适的行为量化工具，按照循序渐进的原则，设定目标行为的评分规则。当正式上课时，行为量化工具正式投入运行。教师应注意全班同学的课堂行为表现，利用行为量化工具做出实时记录。课后，展示全班同学的行为情况，及时表扬学生的恰当行为，发现并指出学生的不恰当行为。如此，可有效提高课堂评价的效率。

阅读导航

1. 谢幼如，尹睿. 网络教学设计与评价［M］. 北京：北京师范大学出版社，2018.

2. 陈斌，尹睿. 现代教育技术［M］. 北京：北京师范大学出版社，2017.

3. 杨宗凯. 利用信息技术促进教育教学评价改革创新［J］. 人民教育，2020（11）：30－32.

---

① 曾文婕，等. 贵在得法：小学班级与课堂管理的方略［M］. 北京：北京师范大学出版社，2021：181.

4. 杨现民，周德青. 大数据赋能"四个评价"的价值赋能与现实难题 [J]. 中小学数字化教学，2022（6）：31-35.

5. 毛刚，周跃良，何文涛. 教育大数据背景下教学评价理论发展的路向 [J]. 电化教育研究，2020（10）：22-28.

思考与作业

1. 什么是教学评价？

2. 教学评价工具有哪些？其特点是什么？

3. 分享和推荐一个你心目中优秀的教学评价工具，对其进行简要介绍与分析，并注明工具来源，说明推荐理由。

4. 简要分析如何应用教学评价工具开展知识检测、学情分析与行为评价。

5. 挑战性作业：设计实践题（任选一题）。

（1）利用网络下载 FreeQuizmaker 工具，自选小学某一学科某一课时内容，研制一套用于课中教学评价的练习题。要求：不少于 2 种题型，不少于 6 道题。

（2）利用网络下载问卷星工具，自选小学某一学科某一课时内容，研制一份用于课前学情分析的调查问卷。要求：不少于 3 种题型，不少于 10 道题。

（3）利用 ClassDojo 工具，添加班级学生，设置课堂教学的目标行为，包括数量和规则。要求：积极行为不少于 5 个，待改善行为不少于 5 个。ClassDojo 的登录地址：https：//www.classdojo.com/zh-cn/。

学习反思

根据本章的学习情况，请您利用 P-M-I-Q 反思框架进行自我反思，并做好记录。

反思框架			
P（plus）我已经学懂的内容	M（minus）我尚未学懂的内容	I（interesting）我感兴趣的内容	Q（question）我感到疑惑的问题
1. 2. 3.	1. 2. 3.	1. 2. 3.	1. 2. 3.

创新应用篇

➡ 导读概览

　　党的二十大报告指出，"我们要坚持教育优先发展、科技自立自强、人才引领驱动，加快建设教育强国、科技强国、人才强国"。2022年，教育数字化战略行动被列入教育部工作重点，包括一系列支持应用智能技术的教育创新和教师发展措施。教育部教育信息化专家组副组长杨宗凯教授指出："教育数字化转型是指利用现代信息技术支持教育在育人方式、办学模式、管理体制、保障机制等方面创新，推动教育流程再造、结构重组和文化重构，改变教育发展动力结构，促进教育研究和实践范式变革，最终实现人的全面、自由、个性化发展。"新时代背景下实施教育数字化战略行动具有重要意义：一是应对数字化发展大势，助力培养适应未来社会发展需要的知识、能力并重的创新型人才；二是破解教育改革发展难题，通过引领构建高质量教育体系，加快教育内涵式发展，促进教育公平、提高教育质量；三是在数字中国和教育强国建设战略引领下，加快教育行业全面数字转型和智能升级。

　　以大数据、物联网、人工智能等新兴技术为基础，依托各类智能设备及网络，开展智慧教育创新研究与实践，推动新技术支持下的教育模式变革和生态重构，是教育数字化战略行动的重要抓手，是新时代教育质量提升的重要途径。自2018年起，教育部在《教育信息化2.0行动计划》中，就将"智慧教育创新发展行动"作为重点行动任务之一。历经4年多的探索与实践，以智慧课堂为核心的智慧教育得到蓬勃发展。当前，新技术的应用逐步向小学教育领域渗透，小学智慧课堂教学、人工智能赋能小学课堂教学等成为信息技术与小学教学融合的创新领域。那么，什么是智慧课堂？如何开展智慧课堂教学设计？如何理解人工智能？人工智能赋能小学课堂教学有哪些形态？对于这些问题的思考与解答，不仅有助于增强教师适应新技术变革，积极有效开展教育教学的意识，而且还有助于强化教师对应用新技术创新与变革小学教学的价值认同。

第十二章

智慧课堂教学

学习目标

1. 能多角度剖析智慧课堂的概念；

2. 能解释智慧课堂的特点；

3. 能掌握智慧课堂的教学设计方法；

4. 在问题讨论、案例分析、实践应用的活动中，感受智慧课堂的育人价值，增强应用智慧课堂创新小学教学的意识与能力。

问题导入

2018年4月，教育部印发《教育信息化2.0行动计划》，开启智能环境下教育教学创新发展的新阶段。该计划明确了"坚持育人为本""坚持融合创新""坚持系统推进""坚持引领发展"的基本原则，将"智慧教育创新发展行动"作为重点行动任务之一，鼓励地方学校积极开展智慧教育探索与实践，推动教育理念与模式、教学内容与方法的改革创新，探索积累可推广的先进经验与优秀案例。在新时代，教育被赋予新的使命。在此背景下，信息化、数字化、智能化正加速推进"课堂革命"。自此，全国各地区中小学校掀起以智慧课堂教学为核心的智慧教育创新发展行动。然而，尽管智慧课堂发展迅速、应用广泛，但是人们对智慧课堂的认识仍存在误区：一方面，过于强调技术化，认为只要用了新硬件、新软件或者新平台，统统都可以冠以"智慧课堂"的标签，以致智慧课堂成为一些教育科技类企业宣传的噱头；另一方面，缺乏方法指导，认为只要用了"拍照投屏""平板电脑"等就是智慧课堂。请您从小学教学应用的角度思考：

1. 如何理解智慧课堂？

2. 如何设计智慧课堂教学？

第一节　智慧课堂的内涵

"智慧课堂"是随着物联网、云计算、大数据、人工智能等信息技术在教育教学中的应用而构建的一种新型课堂。近年来，智慧课堂受到的关注越来越多，关于它的概念认识也不断涌现出来。但是，对智慧课堂的理解存在一种泛化倾向：简单地将凡是利用新技术的课堂统归为智慧课堂。这种倾向对开展智慧课堂的教学创新，引领智慧课堂健康发展是极为不利的。因此，把握智慧课堂的本质内涵是非常必要的。

一、智慧课堂的概念

如何理解智慧课堂，可谓一个见仁见智的问题。目前，有关智慧课堂的认识，并没有一个统一说法，大体可以从四种代表性视角加以观照。

（一）教育学视角

从教育学视角看，智慧课堂的本质是以育人为本的智慧生成课堂。这种视角认为，技术不是构成智慧课堂的基本条件，它突出智慧课堂的育人功能，强调通过课堂教学实践培养学生的智慧，促进学生"转识成智"。例如，智慧课堂是以追求学生的智慧发展为指向的课堂，包括学生创新精神与创新能力的培养、学生学习智慧的发展、学生对生命智慧的关注[1]。智慧课堂是通过创建一定的课堂学习环境而实现学生智慧全面、可持续发展的课堂[2]。智慧课堂是善于导入、走向生活、注重体验的课堂，是提出问题、积极参与、解决问题的课堂，是激发情趣、开放合作、积极探究的课堂，是处理好过程与结果、直观与抽象、情景性与知识系统性关系的课堂[3]。

（二）技术学视角

从技术学视角看，智慧课堂是利用大数据、云计算、物联网和移动互联网等新一代信息技术打造的，实现课前、课中、课后全过程应用的智能、高效课堂[4]。这种视角突出智慧课堂是通过技术赋能创新教学工具和手段，进而构建起来的一种智慧学习环境。智慧学习环境是一种能感知学习情景、识别学习者特征、提供合适的学习资源与便利的互动工具、自动记录学习过程和评测学习成果，以促进学习者有效学习的学习场所或活动空间[5]。这种学习环境具有信息化和智能化的特征。随着技术手段的不断发展，与智慧课堂相关的概念越来越多种多样，例如：基于物联网技术应用的智慧课堂、基于电子书包应用

① 吴晓静，傅岩.智慧课堂教学的基本理念 [J]. 教育探究，2009（9）：11-13.

② 祝智庭，贺斌.智慧教育：教育信息化的新境界 [J]. 电化教育研究，2012（12）：5-13.

③ 刘军.智慧课堂："互联网+"时代未来学校课堂发展新路向 [J]. 中国电化教育，2017（7）：14-19.

④ 孙曙辉，刘邦奇，李鑫.面向智慧课堂的数据挖掘和学习分析框架及应用 [J]. 中国电化教育，2018（2）：59-61.

⑤ 黄荣怀，杨俊锋，胡永斌.从数字学习环境到智慧学习环境：学习环境的变革与趋势 [J]. 开放教育研究，2012（2）：75-84.

的课堂、基于云计算和网络技术应用的智慧课堂、基于大数据学习分析的智慧课堂。这些概念只是从技术名称的角度替换了智慧课堂概念中的某些词语，进而形成与技术应用相联系的概念，其实质并没有发生改变。

（三）生态学视角

如果说教育学视角是以教学目的为导向，技术学视角是以教学手段为导向，那么生态学视角则是综合"教学目的"和"教学手段"来理解智慧课堂。从生态学视角看，智慧课堂是通过技术与教学系统性深度融合，实现教学的流程再造与智慧生成，是一个为教师与学生提供自由参与和自我价值提升的课堂生态。该课堂生态是由师生、教学活动、技术、环境等各要素以及相关关系所构成的一个有机整体，并在有序运行状态下保持动态平衡。其主要特征是：人本化、多元化、协同化与动态化。

（四）融合视角

智慧既是一种目的，也是一种手段[①]。有研究者认为，从智慧是一种目的的角度看，智慧课堂的本质是充分激荡智慧的育人课堂；从智慧是一种手段的角度看，智慧课堂形式上表现为信息技术的智能化运用，即利用互联网、大数据、人工智能等技术，使得课堂自动甚至"能动"地满足学生发展及教师引导学生发展的需求，进而更好地引导学生通过知识掌握、能力发展、情感激发、智慧生成等发展自我。因此，智慧课堂是通过信息技术在课堂中的智能化运用，将人的智慧与技术智能融合为一体，引导学生充分发展的新型课堂形态[②]。

从上述四种视角可以看出，智慧课堂不仅是一个静态概念，还是一个动态概念；不仅指向育人目标，还观照应用过程。由此，智慧课堂是指以促进学生核心素养发展为宗旨，以智慧型创新人才培养为目标，基于物联网、云计算、大数据、移动互联网和人工智能等新一代信息技术构建起"云-台-端"的整体架构，实现教学全过程支持、全方位应用的网络化、数据化、智能化、泛在化的新形态课堂。该定义从目标、技术、应用三个层面出发：（1）从目标来看，智慧课堂是以促进学生核心素养发展为宗旨，以智慧型创新人才培养为目标。培养什么样的人，是新时代落实立德树人根本任务的出发点。随着我国新一轮以核心素养为统领的教学改革的深入推进，培养全面发展的人成为教学改革的逻辑起点。从人的发展角度透视智慧课堂，是智慧课堂功能价值的重新界定，也是智慧课堂本质的回归。（2）从技术来看，智慧课堂是由新技术架构起的"云-台-端"整体化学习环境。云，即教育云，实现资源管理、教学实录、网络教研、学习空间等服务的多级互联互通；台，即智慧教育管理平台，是智慧课堂的数据中心与控制中心；端，即智慧教学终端，包括各类教育与管理的终端（如教师端、学生端、家长端等）。（3）从应用来看，智慧课堂是信息技术与教学走向融合创新阶段的产物，其技术本身的显性化特征正在应用场景中逐渐消融，实现线上线下一体化、课内课外一体化、虚拟现实一体化的全场景教学应用。

[①] 祝智庭，贺斌. 智慧教育：教育信息化的新境界 [J]. 电化教育研究，2012 (12)：5-13.
[②] 王天平，闫君子. 智慧课堂的概念诠释与本质属性 [J]. 电化教育研究，2019 (11)：21-27.

■ 资料链接

智慧课堂的本质属性

智慧课堂具有科学属性、技术属性、文化属性、社会属性等本质。

1. 科学属性

智慧课堂的科学属性就是运用教育的规律，分析智慧课堂而发现其本质与规律。教育的基本规律是以学生为中心，引导学生成为自主学习的人。在智慧课堂中，学生可以自由获取学习资源、规划学习时空，可以深度参与和切身体验知识发生的过程情境，自主建构知识及运用知识创造性地解决问题；教师可以利用智能化的技术平台捕捉每位学生在认知水平、思维方式、情感态度等方面的精准状态，为学生提供个别化学习的机会、活动、资源等。可见，智慧课堂是一种将人的智慧生成与技术智能运用两者有机统一的新型课堂。

2. 技术属性

智慧课堂的技术属性表现为课堂因信息技术的介入和使用而产生变化，涉及由信息技术引发的课堂物质形态变化和课堂信息交流创生变化。对前者而言，信息技术的介入，使得智慧课堂具有泛在学习特征，让师生随时随地能够在信息技术的支持下开展教学活动。对后者来说，在智慧课堂中，信息技术与师生活动高度融合，师生所有的教学活动都在信息技术的支持下实现，但是信息技术的工具性存在却不易明显觉察到。

3. 文化属性

课堂的本质是"以文化人"。智慧课堂的文化属性表现为智慧课堂的育人本质。在智慧课堂中，学生获取知识、表达观点、交流合作的机会更加多样，这使得师生之间形成一种更加能动、积极、自由的共享文化，让学生在共享文化中成长。另外，在智慧课堂中，教师引导学生采用自由的方式，利用各种信息技术直观感知复杂、抽象的世界，帮助学生在融合文化中完成从"知识的学习者"向"智慧的生成者"的实质性转变。

4. 社会属性

智慧课堂的社会属性主要从课堂的社会关系角度去探析，涉及学习群体及群体与环境之间的关系。在智慧课堂中，智慧教学终端可以将同一时间、不同空间学习同一知识的学生汇聚在一起，形成虚拟空间中的学习共同体，使得学生之间的交流实现虚拟与真实融合、线上与线下融合。引领学生发展的人不再局限于课堂中的教师，只要对学生产生积极影响的人均可作为教师。在这个意义上，智慧课堂构建起开放的学习场域，生生关系与师生关系逐渐走向泛在化、动态化。

资料来源：王天平，闫君子. 智慧课堂的概念诠释与本质属性 [J]. 电化教育研究，2019 (11)：21-27.

┃ 思考·讨论

　　说起"智慧课堂"，有人会联想到"智慧教室"。请您分析"智慧课堂"与"智慧教室"的联系与区别，用思维导图梳理您的观点，并与其他学习伙伴交流。

二、智慧课堂的特点

与传统课堂相比，智慧课堂具有如下五个关键特征：

（一）学习情境感知化

智慧课堂能够感知学生所处的物理环境与所学的课程内容，主动改变和调节环境设置，创设与内容相关的学习情境，实现自适应的泛在学习；能够感知学生的行为、认知与情感的变化，建立个性化的学习模型，推荐和生成个性化的学习路径。

（二）教学决策数据化

在智慧课堂中，教师与学生依托智慧教学系统开展多样化的教学活动与学习活动以及多维的交互活动，产生了海量的教育数据。智慧教学系统可以持续采集、记录这些动态生成的教育数据，并对其进行分析、挖掘与处理，生成各种有价值的、可视化的数据图表并反馈给教师，帮助教师精准掌握每个学生的学习情况及存在的问题，为教师有的放矢地实施个性化教学策略和干预管理提供科学依据，从而实现教学决策全景式数据支持，改变以往基于经验的教学预设。

（三）资源推送智能化

智慧课堂可以根据学生所学的课程内容，为其提供形式多样的富媒体资源，而且可以根据学生个性化学习特点，智能推送有针对性的学习资源，最大限度满足学生的个性化学习需求。

（四）评价反馈即时化

在智慧课堂中，智慧教学系统可以对课堂教学全过程进行全面动态跟踪与记录，即时做出诊断与评价，包括课前预习测评与反馈、课中实时检测与反馈、课后作业评价与反馈，从而实现诊断性评价、形成性评价与总结性评价相结合，以及评价与教学相融合。

（五）交流互动多元化

在智慧课堂中，教师与学生之间、学生与学生之间借助智慧教学系统可以实现任何时间、任何地点、任何方式地交流互动，真正做到跨越时空的交流互动。而且，学生除了与本班的教师和其他学生进行交流互动外，还可以随时随地与跨校区、跨区域甚至跨国的名师、行业的专家学者以及学生进行资源共享、交流研讨，实现开放、多元的交流互动。

思考·讨论

请在"小学现代教育技术应用"（中国大学 MOOC 平台）第 3 讲"小学智慧课堂与教学设计"中，观看视频"一所小学的智慧课堂"，分析两个问题：

（1）视频中展现的智慧课堂体现了哪些特点？

（2）在这样的课堂环境中，教师可以开展哪些教学应用？

将你的观点记录下来，并与其他学习伙伴进行交流讨论。

视频网站：https://www.icourse163.org/course/scnu-1205984818.

第二节　智慧课堂教学的创新设计

智慧课堂教学设计是面向智慧课堂的教与学活动所展开的教学设计。它以先进的学习理论与教学理论为指导，运用系统的方法，基于智慧课堂的特点与技术赋能，根据教学目标对智慧课堂教学内容、教学资源、教学活动、教学评价进行具体规划的系统化过程。

一、智慧课堂教学设计的理念

由于智慧课堂具有学习情境感知化、教学决策数据化、资源推送智能化、评价反馈即时化和交流互动多元化的特点，它可实现对课堂教学全过程与全方位的支持。因此，在开展智慧课堂教学设计时，需要体现以下三个理念：

（一）突出以学生为中心

教学设计专家加涅（Gagnè，R. M.）在《教学设计原理》一书中说，"教学设计的目的在于帮助个体学习""教学设计必须基于人们如何学习的知识"。这意味着教学设计的核心理念是"以学生为中心"。以学生为中心是一种指导教学实践的教育理念，强调学生在学习和发展中的主体性和潜力的发挥，尊重学生个体之间的差异与需求。对于智慧课堂教学设计来说，"以学生为中心"原则包括三层含义：（1）以学生的发展为中心，即智慧课堂教学的目标是以学生的核心素养发展为核心；（2）以学生的学习为中心，即智慧课堂的技术赋能是为学生的学习服务，支持学生全过程、全方位参与和体验，促进学生的知识建构与创生；（3）以学生的个性需求为中心，即在智慧课堂中，教师能根据学生的能力差异、兴趣差异、风格差异等为学生制定个性化的学习目标，推荐个性化学习资源和路径，使学生能自定步调地找到适合的学习方式，满足个性化学习需求。

（二）体现数据驱动教学

智慧课堂教学正凸显出一条以数据智慧贯通的学习者持续的、全面的、个性化的发展需求不断被满足的智慧生成路径[①]。可见，数据驱动教学成为智慧课堂教学发展的新路向。数据驱动教学，是指利用各种数据收集和数据分析工具，对学生在各种教学情景中产生的数据进行测量、收集、分析和报告，以期了解学生的学习状况，进而对教学做出精准干预和优化的一种教学新样态。在传统课堂教学中，教师基本上是利用自己的教学经验判断课堂教学中学生可能存在的问题并以此为依据来调整教学，这种做法完全依赖于教师教学经验的丰富程度及对课堂教学问题"察觉"的敏感程度。在智慧课堂教学中，各种智慧教学系统可以全面采集和分析学生的学习数据，精准刻画学生的个性化学习路径，进而帮助准确识别学生存在的学习问题、预测学生的发展趋势，以精准做出教学决策与干预。

---

① 刘军. 智慧课堂："互联网＋"时代未来学校课堂发展新路向［J］. 中国电化教育，2017（7）：14 - 19.

（三）凸显深度学习

深度学习是智慧课堂教学的核心支柱。深度学习是在教师引领下，学生围绕着具有挑战性的学习主题，全身心积极参与、体验成功、获得发展的有意义的学习过程。智慧课堂通过敏捷感知情境、全程记录过程、精准配送服务、实时反馈学情，为学生的学习新知、了解动态和回顾反思提供实时的学习体验；同时提供服务的智能系统一般由基于自适应控制理论的自适应动力机制来驱动，其提供服务的强度会随学生的需求或能力的改变而进行自动调节①。

二、智慧课堂教学设计的方法

根据智慧课堂的特点，智慧课堂教学设计可以分为五个基本步骤：

（一）目标设计与内容重组

智慧课堂教学目标应从三维目标达成跃升到学生核心素养的发展，因此在开展智慧课堂教学设计时，我们必须先明确学科核心素养是什么，并以此为出发点确定每个单元或者每节课的教学目标。基于此，重新组织教学内容，将其以可视化方式加以表征，增强内容的可感知性、可交互性、可重用性。

（二）学情精准诊断分析

学情诊断是指对学生的起点能力、学习风格、学习困难等的分析，其目的是确定每个学生的个性化学习特征。学情诊断可以为教师确定教学目标和教学策略提供科学和客观的依据，是教学设计的起点。在智慧课堂中，教师可以在智慧教学系统查看学生个人学习空间的学习记录，了解学生已有的学习水平；也可以在智能教学系统发布课前预学检测题，根据智能统计功能了解学生的预学情况；还可以在智能教学系统发布学习风格量表，了解学生的学习风格。

（三）学习资源精准推送

在智慧课堂教学中，学习资源不仅海量丰富，而且获取途径多样化。如何从海量的学习资源中选择与推送适合学生学习的资源以支持学生个性化学习，是智慧课堂教学设计需要突破的重点和难点。因此，教师首先应该根据教学内容在智慧云平台收集甚至自主开发相关的学习资源，接着基于精准教学、个性化学习、自适应学习的指导思想，对学生在智能移动终端的学习数据进行统计分析获知学生的学习特征，然后利用智慧云平台和智慧教学系统的资源推荐与智能推送服务，为学生推送与学生学习需求和个性化学习偏好相匹配的资源，从而实现资源的"精准推送、个性推送、动态推送"。

（四）学习活动多样设计

学习活动是学习者及学习群体基于具体的学习目标和学习群体中的游戏规则，利用高效实用的学习工具而实施的相关学习程序的集合。根据活动理论的观点，活动系统包括主体、客体、工具、共同体、规则和分工六个基本要素。其中涉及两类最基本的活动：主体借助工具与客体的活动，以及主体在共同体中与客体的活动。由此，在智慧课堂中，教师可以根据教学目标与教学内容，充分利用智慧课堂的技术赋能，设计基于智慧学习工具的个性化学习活动（如观看资源、沉浸体验、在线测试、在线投票、学习反思等）和群体合作学习活动（如合作实验、协同创作、问题交流、项目研讨等），然后将其有序地组织起来形成活动序列，以凸显不同情境的教学特点。

（五）学习评价动态设计

智慧课堂强调"学习为本"的评价观，即主张将评价渗透课堂教学全过程，真正发挥评价促进学习的作用。所以，在智慧课堂教学中，教师需要将课前预学测评与反馈、课堂实时检测与反馈、课后作业评价与反馈相融合，实现即时、动态的诊断分析及评价信息反馈。

思考 · 讨论

请在"小学现代教育技术应用"（中国大学 MOOC 平台）第 3 讲"小学智慧课堂与教学设计"中，打开文档"小学智慧课堂教学模式案例"，选择自己感兴趣的案例进行观摩，分析三个问题：

（1）在该案例中，智慧课堂发挥了哪些技术赋能？

（2）在该案例中，教学目标体现了哪些核心素养？

（3）在该案例中，为实现核心素养发展，教师设计了哪些教学活动？

将你的观点记录下来，并与其他学习伙伴进行交流讨论。

视频网站：https：//www.icourse163.org/course/scnu-1205984818.

阅读导航

1. 广东省一流本科课程"小学现代教育技术应用"（中国大学 MOOC 平台）第 3 讲"小学智慧课堂与教学设计"。

2. 谢幼如，尹睿．网络教学设计与评价［M］．北京：北京师范大学出版社，2018.

3. 刘邦奇．智慧课堂：第 2 版［M］．北京：北京师范大学出版社，2019.

4. 高钧．数据驱动下的智慧课堂精准教学［M］．北京：中国人民大学出版社，2020.

5. 国家精品课程"智慧课堂教学"（中国大学 MOOC 平台）。

思考与作业

1. 什么是智慧课堂？

2. 智慧课堂有哪些特点？

3. 如何理解"以学生为中心"的智慧课堂教学设计理念？

4. 对比分析智慧课堂与传统课堂的教学设计差异。

5. 请登录"一师一优课"平台（https：//1s1k.eduyun.cn/portal/html/1s1k/index/1.html），在"部级优课"模块中，任意选择并观摩一节小学智慧课堂教学课例，并对该课例的教学设计进行综合分析。

6. 挑战性作业：设计实践题（任选一题）。

（1）随着大数据、人工智能等技术在智慧课堂中的深度融入，智慧课堂教学的数据驱动路向日趋明显。为应对从基于经验向基于证据转变的教学趋势，教师须具备良好的数据素养，这成为教学数据转化为有意义的教学决策的关键。2019年，教育部制定《中小学教师信息化教育教学能力发展框架》，指出教师应具备"基于数据的个别化指导""应用数据分析模型""创建数据分析微模型"等数据分析能力。请您思考与分析：在智慧课堂教学中，教师应具备哪些数据素养？尝试研制一份"教师数据素养调查问卷"，选取自己所在区域的小学教师开展实地调查，将调查结果与同伴进行交流。

（2）自选小学教材中的某一个内容，按照智慧课堂教学设计的理念，设计一节智慧课堂教学，填写一份教学设计方案。

授课内容		所属学科	
授课课时		授课对象	
一、教学内容分析			
二、学情分析			
三、教学目标设计			
四、教学资源的选择与设计			
五、教学活动设计			
教学环节	教师活动	学生活动	智慧课堂功能

六、教学评价的设计			

学习反思

根据本章的学习情况，请您利用 P-M-I-Q 反思框架进行自我反思，并做好记录。

反思框架

P（plus） 我已经学懂的内容	M（minus） 我尚未学懂的内容	I（interesting） 我感兴趣的内容	Q（question） 我感到疑惑的问题
1. 2. 3.	1. 2. 3.	1. 2. 3.	1. 2. 3.

第十三章

人工智能赋能课堂教学

学习目标

1. 能多角度理解人工智能的概念;

2. 能了解人工智能教育应用的国际动态;

3. 能掌握基于人工智能的小学课堂教学新样态;

4. 在问题讨论、案例分析活动中,感受人工智能的技术赋能,增强应用人工智能创新小学课堂教学的意识与能力,正确认识人工智能在小学课堂教学中应用的合理限度,树立正确的人工智能教育应用观,涵养严谨的科学精神。

问题导入

2017 年 7 月,国务院印发《新一代人工智能发展规划》,旗帜鲜明地将"智能教育"列入人工智能国家战略的重要组成部分,提出利用智能技术"建立以学习者为中心的教育环境,提供精准推送的教育服务","推动人工智能在教学、管理、资源建设等全流程应用"。2021 年 7 月,《教育部等六部门关于推进教育新型基础设施建设 构建高质量教育支撑体系的指导意见》,指出"开发基于人工智能的智能助教、智能学伴等教学应用,实现'人机共教、人机共育'"。从国家系列政策文件的出台,我们可以深刻感受到人工智能教育应用已成为信息技术与教学深度融合的新趋势。一时间,各种人工智能技术产品(如智能学科教学工具、智能评分系统、教育机器人、脑机接口等)纷纷现身于小学课堂,有些教师因其精准性、快捷性、新奇性而充满期待,有些教师因其科学性、伦理性、智能性而感到担忧。因此,了解人工智能及其对小学课堂教学的赋能,对创生基于人工智能的小学课堂教学新样态有着重要意义。请您从小学教学应用的角度思考:

1. 如何理解人工智能?

2. 赋能小学课堂教学的人工智能技术有哪些?

3. 基于人工智能的小学课堂教学新样态有哪些?

新一代人工智能以海啸般的强劲之势在社会各领域引发链式突破，推动着社会各领域从数字化、网络化向智能化加速跃升。聚焦教育教学领域，在新一代人工智能发展浪潮的冲击下，一场颠覆人类学习理念和方式的智能革命正悄然兴起。小学教育作为基础教育的基础阶段，首先成为人工智能应用的主要领域。

第一节　人工智能的理解

说起"人工智能"，也许你对这个名词并不陌生，可能在平时的生活中你还亲身感受到了"它"的存在。当你出行时，按下导航系统，系统会根据目的地定位自动为你规划最佳路线；当你签收快递时，用手机扫描快递单的二维码，屏幕马上会显示快递单页面，并自动识别你填写的各项信息；当你回到家时，通过简单的语言指令，就可以指挥智能音箱播放音乐，命令扫地机器人打扫房间；当你搭乘高铁进站时，人脸识别系统会通过"刷脸"识别出你的身份信息。这些便捷的功能都是人工智能的功劳。那么，如何理解人工智能？

一、人工智能的概念

人工智能，英文为 artificial intelligence，简称 AI。要想给人工智能下一个全面且准确的定义，并非一件容易的事情。有关人工智能的界定，有着不同说法。

从学科角度看，人工智能是现代科技的一门分支学科，旨在探索人类智能奥秘，同时最大限度地将人类智能移植到机器上，使其能够像人类一样智能地执行功能。

从技术角度看，人工智能是一种被设计出来以人类能力与世界进行互动的计算机系统。人工智能是与人类思考方式或者行为方式相似的计算机程序和智能机器。

从智能角度看，人工智能是能够模仿人类智能中某些功能的机器，具体功能包括感知、学习、推理、解决问题、语言互动甚至创造性工作等。

有人进一步根据人工智能解决问题的领域及所具备的智能程度，将人工智能分为弱人工智能（artificial narrow intelligence，ANI）、强人工智能（artificial general intelligence，AGI）和超人工智能（artificial super intelligence，ASI）。弱人工智能，又称为限定领域人工智能，指的是专注于且只能解决特定领域问题的计算机程序和智能机器。例如，本教材第九章所介绍的智能学科教学工具就属于弱人工智能，它们只能解决专门学科领域的某些特定问题，不能实现多问题域或者跨学科问题域的问题的解决。强人工智能，又称为通用领域人工智能，指的是可以胜任人类所有工作的智能机器，这种智能机器具备推理能力、学习能力、自然语言沟通能力、知识表达能力和自我意识。超人工智能，指的是在知识创造、社交能力和情感意识等各个方面都超越人类大脑的智能机器。显然，超人工智能是人们虚构想象的一种理想图景，因为我们仍无法推断和预知超越人类大脑的智能是一种怎样的智能，且这种智能会以怎样的形式存在。所以，关于超人工智能的说法仍然是模糊的。

从数据角度看，人工智能是一套基于机器的系统，它可以针对人们给定的目标，根据数据做出预测、建议或决策。

> **思考·讨论**
>
> 　请结合你的学习与生活经验，与其他学习伙伴交流你对人工智能的理解。

二、人工智能教育应用的全球行动

以人工智能赋能教育、重塑教育与创新教育已经成为一种国际共识，探索人工智能教育应用的推进路径成为一项重要且迫切的时代课题。近年来，国际组织普遍关注有关人工智能教育应用的主题，形成了一系列高质量报告。这些报告凝聚着国际组织的智慧、创见和前瞻探索，反映了国际上人工智能教育应用的主流观点，对推进人工智能在教育场域的创新应用具有重要的借鉴意义。

（一）联合国教科文组织：《北京共识——人工智能与教育》

2019 年 5 月，联合国教科文组织在中国北京召开了首届国际人工智能与教育大会，会议主题为"规划人工智能时代的教育：引领与跨越"，并形成成果文件《北京共识——人工智能与教育》。

该成果文件从政策制定、教育管理、教学与教师、学习与评价、价值观与能力培养、终身学习机会、平等与包容的使用、性别平等、伦理问题、研究与监测等十个方面规划人工智能时代的教育。该成果文件提出，各国要引领实施适当的政策应对策略，通过人工智能与教育的系统融合，全面创新教育、教学和学习方式，并利用人工智能加快建设开放灵活的教育体系，确保全民享有公平、适合每个人且优质的终身学习机会，从而推动可持续发展目标和人类命运共同体的实现。该成果文件揭示了人工智能促进教育发展的三个核心价值（见表 13-1）。

表 13-1　人工智能促进教育发展的核心价值

核心价值	具体表现
改善学习评价，助力个性化培养	■ 人工智能可以基于学习过程和成长过程的大数据，科学精准地认识学生的个性特征、学习情况和发展水平，实时动态评估学习状态，实现个性化学习的规模化效应 ■ 人工智能可以对学生的知识和能力结构进行表征，可以基于对学生学习障碍的自动诊断，进行预测性分析和诊断性分析，还可以根据学生的兴趣、能力和学习障碍等，向学生推荐学习任务、学习内容、学习资源和学习策略

续表

核心价值	具体表现
赋能教学，辅助教师工作	人工智能时代，教师与虚拟教学助理协同工作的"双师模式"将是一种典型的教学方式。虚拟教学助理可以帮助教师完成一些机械重复性的低技能任务，例如作业批改、教育资源寻找等，也可以帮助教师管理日常任务。教师可以将精力专注于高技能的任务，包括学习服务设计与开发、个性化学习指导、学习问题诊断与改进、发展性评估与改进、信仰和价值观的引导、生涯规划指导等
改善教育管理，优化教育供给	人工智能可以在学校、区域、国家和全球等范围收集、分析教育数据，全面创新人才培养制度，同时促进和管理区域之间、城乡之间和学校之间的教育均衡，改善教育供给

资料来源：张慧，黄荣怀，李冀红，等．规划人工智能时代的教育：引领与跨越：解读国际人工智能与教育大会成果文件《北京共识》[J]．现代远程教育研究，2019（6）：3-11.

（二）联合国教科文组织：《教育中的人工智能：随学习的速度改变》

2020年，联合国教科文组织教育信息技术机构推出"教育的数字化转型"系列出版物，在第一期出版物中发布报告《教育中的人工智能：随学习的速度改变》。该报告阐述了人工智能对不同学生、教师、学校领导、家长、区域决策者等教育群体发挥的作用①。

针对学生群体，人工智能可以促进个性化学习、社交情感成长、21世纪技能发展、幸福感维持，以及帮助残疾学生获得教育机会。

针对教师群体，人工智能可以起到四个作用：一是提高教师工作效率，通过创建个性化学习路径和自动生成测验成绩，把教师从重复性工作中解放出来；二是提高愉悦和投入程度，人工智能使教师能把更多的时间用于备课学习和创造性教学中；三是促进团队协作，学生数据的共享可使教师间就个性化支持方案进行协作；四是支持教师专业发展，即教师基于自己的课堂数据开展有效反思。

针对学校领导群体，人工智能可作用于教学和非教学决策。在教学上，人工智能为监管洞察、教师留任与社群交流提供支持。例如：在监督洞察方面，人工智能提供学生的进步表现，管理者可以基于此做出及时必要的干预。非教学决策主要指人工智能对效率和资源管理的支持，例如依据分析结果做出降低能源成本、优化员工角色等决定。

针对家长群体，人工智能可起到强化教育价值观和增加参与度两种作用。对形成性数据的共享，可让父母更清楚地了解孩子的进步以强化他们对教育重要性的认识，促进其积极、深度参与孩子的教育，成为参与者而不是旁观者和评论者。

针对区域决策者群体，人工智能可以随着数据更新不断优化指导，使决策者在资源配置方面做得更加精准与科学。人工智能还可以对课程质量进行大数据预测分析，为决策者设计符合社会经济发展需求的课程提供循证支撑，以帮助学生做好应对未来世界的准备。

（三）经济合作与发展组织：《教育中可信赖的人工智能：前景与挑战》

2020年4月，二十国集团（G20）展开G20人工智能对话，发布报告《教育中可信赖

---

① 王春丽．国际组织的人工智能教育应用观：技术、实践及挑战［J］．比较教育研究，2022（10）：86-93.

的人工智能：前景与挑战》，旨在使基于人工智能的全球政策制定与技术发展保持同步，支持 G20 成员间分享经验和政策实践。该报告阐述了人工智能在课堂教学和学校管理与教育系统中的作用。

在课堂教学中，人工智能应用表现在两个方面：一是提供个性化学习。个性化学习能根据学生的个性需求定制适合学生的学习方法。人工智能能够识别哪种教学材料和方法最适合个别学生的水平，并根据个别学生的数据对学习过程的下一步骤做出预测、建议及决定，进而帮助学生按照自己的步调掌握学习主题，为教师提供帮助学生的有效建议。二是提供多样化检测。例如：在线与混合式学习——人工智能代理支持的聊天程序可以为学生和教师提供与学习相关的分析；课堂动态——不同类型的传感器和摄像机可以分析课堂动态和学生参与度，为教师提供实时或课后反馈和建议；外语学习——语音识别、分析及发音校正等人工智能功能可以辅助外语教师开展课堂教学。此外，人工智能可以有效地支持特殊需求学生的学习。一方面，智能设备可对阅读障碍、计算障碍、拼写困难或注意力缺陷多动障碍进行诊断；另一方面人工智能可提供各种支持来帮助残疾学生，如为视障学生提供可穿戴设备来阅读书籍和识别面孔，让自闭症学生与虚拟角色和数字对象进行互动来提高其社交技能。

在学校管理与教育系统中，人工智能应用主要是预测模型及评估模型的建构，为教育机构和教育系统提供反馈，服务于教育决策。一是创建预警系统，降低学生辍学率；二是改进技能评估工具，扩展技能评估范围。例如：将评估项目合并到虚拟现实或增强现实等游戏环境中，通过语音识别、语言分析及工作参与行为模式实现对学生思维方式的评估。

思考·讨论

请你利用网络搜索上述三份报告，认真阅读，用思维导图系统梳理三份报告的主要内容并思考：三份报告对推进人工智能赋能课堂教学有什么启示？

第二节　基于人工智能的课堂样态

在课堂教学中，以知识图谱、模式识别、机器学习、自然语言处理等为代表的人工智能技术为教学内容的按需供给、教学活动的个性定制、教学评价的精准实施等提供赋能，形成智能诊断型课堂、个性定制型课堂、AI 双师型课堂等三种典型的课堂样态。

一、智能诊断型课堂

智能诊断型课堂依托教育大数据、学习分析、数据挖掘等技术，对学生学习过程中产生的数据实时采集表征、多样建模分析（如知识模型分析、认知模型分析、情感模型分析等），从而对学生的学习情况进行评价。智能诊断型课堂会借助智能测评系统，实时获取和识别学生学习过程中产生的多模态数据（如语音数据、文本数据等），对学生的知识和能力水平进行即时评测与反馈。

以智能语音测评系统为例，长期以来，在小学语言学科教学中，由于缺乏有趣与互动的口语测评和反馈指导方法，在课堂教学中口语能力的训练难以有效实现。智能语音测评系统为教学过程中自动测评学生的口语能力提供了有力工具，它可以对小学生口语表达完整性、准确性、流利性和韵律性进行即时评价与反馈，便于教师发现问题，并有针对性地纠正与讲解。像科大讯飞的畅言智能语言教学系统融入了强大的智能语音核心技术，在语文和英语教学中，帮助教师在课堂教学现场对小学生的中英文字词发音和情景对话的语音数据进行实时测评与反馈指导，实现口语能力的过程性评价。

又如，在课堂教学中，开展形成性练习或者单元测验以促进学生的知识内化非常重要，这是过程性评价的重要手段。智能习题批改系统为各个学科在课堂教学中的形成性练习或单元测验的批改与反馈提供了极大支持。它可以实现对课堂教学场景下形成性练习或单元测验的智能批改，自动统计分析测试数据，呈现答题的正确率与错误率、平均分、及格率与优良率、最高分与最低分、方差与标准差等信息，便于教师把握学生对知识的掌握情况，发现学生在知识学习上的难点或者疑惑点，同时便于教师了解学生在班级中所处的位置，发现优秀学生或者预警学生，并即时做出干预。

思考·讨论

观看小学英语"Work quietly"课例，分析课例的教学流程、智能语音测评系统应用的环节及发挥的作用，并与其他学习伙伴进行交流。

课例链接：http://dasai.cnweike.cn/detail/100693.html.

二、个性定制型课堂

个性定制型课堂将传统大规模教学和学生个性学习需求有机结合，借助教育大数据、量化自我、学习分析等智能技术，关注学生之间的差异性和多样性，根据学生自身学习情况和学习需求构建学生模型，对标学习目标定制个人专属学习方案[①]。个性定制型课堂利用智能导师系统，通过对自然语言的理解或者大量行为数据的分析挖掘为不同需求和特征的学习者提供更精准、更具个性的学习服务。例如 Knewton 系统就是一种智能导师系统，它能对学生的知识学习过程进行有效数据的采集与表示，基于学习者模型分析，对学习过程和学习效果做出诊断和评价，并向学生提供有针对性的学习建议，推荐个性化的学习资源。

---

① 谢幼如，邱艺，刘亚纯. 人工智能赋能课堂变革的探究 [J]. 中国电化教育，2021 (9)：72-78.

资料链接

智能导师系统的结构

作为个性化学习指导的自适应学习系统，智能导师系统主要由三个部分组成：

1. 知识模型

知识模型特指专家知识模型，它是针对某一领域求解需要而构建的，主要解决"教什么"的问题，包含教学所需的相关知识（概念、事实、规则）以及问题求解策略。构建知识模型的关键是知识获取与知识表示。由于各种领域知识间存在着复杂的关系，要采用合适的知识表示方法将知识间的复杂关系表示出来并非易事。如何从多个侧面对同一知识进行表示以满足智能导师系统的需要是知识模型构建的难题。

2. 学生模型

学生模型负责存储学习者的基本信息和有关学习者学习过程的动态信息，并对其进行建模，这是实现个性化学习的基础。学生模型的构建过程是一个对学习者全面认识的过程，包含知识模型、认知模型、心理模型等。

3. 教师模型

教师模型接受来自学生模型的信息，依据教学原理，选择合适的教学策略，根据教学策略从知识模型中选择合适的教学内容。它主要解决"如何教"的问题。随着个性化学习需求的增强，智能导师系统越来越强调对学习者学习过程进行跟踪、诊断和评价，并根据诊断结果，适时动态调整教学策略和教学资源。

资料来源：刘清堂，吴林静，刘嫚，等．智能导师系统研究现状与发展趋势［J］．中国电化教育，2016（10）：39－44.

三、AI 双师型课堂

AI 双师型课堂是依托教育机器人、智慧学伴等打造的真人教师主导、AI 教师辅导的一种新型课堂。在这种课堂中，AI 教师并非完全取代教师，而是与真人教师、学生等进行协同合作，扮演着教师和学伴的双重角色，超越以往人工智能仅对教学某一个环节进行系统辅助的局限，以全方位、全流程的姿态渗透到教学系统中，推动和深化人工智能与学科教学的深度融合①。AI 双师课堂的设计应具备三个特征：（1）分析数据化。教学设计的开发要基于 AI 教师对教材与学情的数据分析。（2）活动精细化。教学设计中应明确 AI 教师可以参与何种学习活动及其参与程度如何。（3）人机协同化。在教学设计中要合理分配真人教师与 AI 教师的教学任务，使双方协调完成教学目标②。其中，人工智能教育机器

---

① 余胜泉，王琦．"AI＋教师"的协作路径发展分析［J］．电化教育研究，2019（3）：14－22.
② 汪时冲，方海光，张鸽，等．人工智能教育机器人支持下的新型"双师课堂"研究：兼论"人机协同"教学设计与未来展望［J］．远程教育杂志，2019（3）：25－32.

人在课堂教学中应用到的关键技术及课堂应用，如表 13-2 所示。

表 13-2　人工智能教育机器人中的关键技术及课堂应用

关键技术	人工智能教育机器人使用	课堂应用
知识图谱	基于知识图谱构建教学内容知识体系，教育机器人可以诊断学生学习困难点，为学生提供个性化的学习路径	个性化学习 学习障碍诊断与分析
机器学习	教育机器人实时获取学生的学习数据，通过机器学习发现学习规律，为学生建模提供有效路径	学生分析
人机交互	通过文字、语音、动作、表情等与教育机器人互动	情境创设 沟通交流
自然语言处理	教育机器人识别教师或者学生的语音，并且做出简单反馈	课堂答疑 课堂评价与反馈
计算机视觉	教育机器人可以识别出学生的作业信息和表情变化，判断学生实时学习状态	情感分析

思考·讨论

　　自 2019 年起，华南师范大学黄甫全教授团队在多地小学开展 AI 双师型课堂的探索与实践，形成一系列实践案例。请您利用中国期刊网检索以下三篇论文，认真阅读，从 AI 教师与真人教师、学生互动的角度分析 AI 双师型课堂设计的方法及 AI 教师的赋能表现，并与其他学习伙伴进行交流。

　　论文 1：吴冬冬，谢少菲，陈思宇，等. AI 全科教师小学语文微课教学设计开发研究：以《迷人的张家界》为例 [J]. 广东第二师范学院学报，2019（12）：12-20.

　　论文 2：曾思华，丘诗盈，唐繁茂，等. AI 全科教师小学数学微课教学设计开发研究：以《三角形的内角和》为例 [J]. 广东第二师范学院学报，2019（12）：21-30.

　　论文 3：夏媛媛，曾密成，谢安琪，等. AI 全科教师小学英语微课教学设计开发研究：以教科版五年级上册 Abilities 为例 [J]. 广东第二师范学院学报，2019（12）：31-41.

阅读导航

　　1. 广东省一流本科课程"小学现代教育技术应用"（中国大学 MOOC 平台）第 9 讲"人工智能与智能学习"。

　　2. 尹睿，黄甫全，曾文婕，等. 人工智能与学科教学深度融合创生智能课程 [J]. 开放教育研究，2018（12）：70-80.

　　3. 谢幼如，邱艺，刘亚纯. 人工智能赋能课堂变革的探究 [J]. 中国电化教育，2021（9）：72-78.

　　4. 广东省一流本科课程"人工智能教育应用"（中国大学 MOOC 平台）。

思考与作业

1. 什么是人工智能？

2. 分享国际组织（如联合国教科文组织、欧盟、经济合作与发展组织等）召开的有关人工智能教育应用的会议，介绍会议的主题与相关内容。

3. 请运用本教材第二章的 SAMR 模型分析智能诊断型课堂、个性定制型课堂、AI 双师型课堂的人工智能技术应用特点，并预测未来基于人工智能的课堂样态有哪些。

4. 分享和推荐一个智能评测系统，对其进行简要介绍与分析，并注明系统来源，说明推荐理由。

5. 挑战性作业：情境分析题（任选一题）。

情境 1：随着高计算力和海量数据的发展，相比于基于逻辑的人工智能和基于知识的人工智能，基于数据的人工智能逐渐跃升为主流的路线。"数据证据"在人工智能教育应用中的作用越来越重要，人工智能引发的伦理问题备受关注。国际组织相继发布了一系列有关人工智能伦理的报告，如《人工智能伦理问题建议书》（联合国教科文组织）和《可信赖的人工智能伦理准则》（欧盟）。

请您利用网络搜索上述两份报告，认真阅读，用思维导图梳理两份报告的主要内容并思考：两份报告对推进人工智能赋能课堂教学有什么启示？

情境 2：2018 年 11 月，北京师范大学未来教育高精尖创新中心发布《人工智能＋教育》（蓝皮书），指出智能机器人可以支持智能学习过程，智能教师助理将替代教师日常工作中重复的、单调的、规则的工作。目前，不少研究者开展了 AI 双师型课堂实践，不仅作为一种新型课堂样态加以探索，而且作为人工智能助力乡村教育振兴的一种举措。

请从 AI 作为导师角色、AI 作为同伴角色和 AI 作为工具角色出发，思考：在课堂教学中，AI 教师、真人教师与学生如何很好地实现人机协同？对 AI 教师、真人教师与学生而言，各自面临的挑战是什么？

学习反思

根据本章的学习情况，请您利用 P-M-I-Q 反思框架进行自我反思，并做好记录。

反思框架			
P（plus） 我已经学懂的内容	M（minus） 我尚未学懂的内容	I（interesting） 我感兴趣的内容	Q（question） 我感到疑惑的问题
1. 2. 3.	1. 2. 3.	1. 2. 3.	1. 2. 3.

教学支持说明

（教学课件）

中国人民大学出版社教育学科秉承"出教材学术精品，育人文社科英才"的出版宗旨，多年来，出版了大批高质量的教育学、小学教育、学前教育专业教材和学术著作。

我们为本教材制作了相应的 PPT 教学课件，任何一位采用本书作为授课教材的教师均可免费获得该课件。为了确保该课件仅为授课教师获得，烦请您填写如下材料，并将相关信息通过 E-mail 发送给我们，我们将在收到相关信息后通过 E-mail 给您发送该课件。欢迎您加入我们的 QQ 群（教育新视野交流群，群号为 159813080），或登录我社官方网站（www.crup.com.cn），注册并认证成为教师会员，以获得更好的服务。

我们的联系方式：

地址：（100872）北京市中关村大街甲 59 号文化大厦 1202 室

中国人民大学出版社

电话：（010）62515955　62515383

E-mail：ggglcbfs@vip.163.com

QQ 群：159813080

兹证明＿＿＿＿＿＿大学/学院＿＿＿＿＿＿院/系＿＿＿＿＿专业＿＿＿＿＿学年第＿＿＿＿＿学期开设的＿＿＿＿＿＿＿＿课程，采用中国人民大学出版社出版的＿＿＿＿＿＿＿＿＿＿＿＿＿＿（书名、作者）作为本课程教材。授课教师为＿＿＿＿＿＿，授课班级共＿＿＿＿个、学生＿＿＿＿人。授课教师需要与本书配套的教学课件。

联　系　人：＿＿＿＿＿＿＿＿＿＿＿＿＿

通信地址：＿＿＿＿＿＿＿＿＿＿＿＿＿

邮　　编：＿＿＿＿＿＿＿＿＿＿＿＿＿

电　　话：＿＿＿＿＿＿＿＿＿＿＿＿＿

E-mail：＿＿＿＿＿＿＿＿＿＿＿＿＿＿

系/院主任：＿＿＿＿＿＿＿＿（签字）

（系/院办公室章）

＿＿＿＿＿年＿＿＿月＿＿＿日